KB237614

마음을 강하게 하라 담대히 하라

너는 이 백성으로 내가 그 조상에게 맹세하여 주리라

한 땅을 얻게 하리라

좌로나 우로나 치우치지 말라

그리하면 어디로 가든지 형통하리니

여호수아 1장 6절 말씀

영적 지도자로 사는 길

청년 · 조국 · 예수

김진홍 묵상집 ③

영적 지도자로 사는 길

지은이
김진홍

펴낸이
강선우

초판 1쇄
1992년 6월 10일

개정판 1쇄
1992년 12월 16일

개정판 8쇄
2000년 7월 20일

펴낸 곳
두레시대

주소
서울특별시 강남구 역삼동 618번지 9/1

대표전화
508-4477

팩시밀리
508-4171

등록번호
제20-429호

등록일자
1991년 4월 26일

인쇄처
아 람/2273-2497

총판
생명의 샘/419-1451

책값
6,000원

ISBN
89-85915-03-7

ⓒ Kim, Jin-Hong 1992

영적 지도자로 사는 길

김진홍

두레시대

저자 서문

　어느날 서울 거리를 지나다가 데모하는 한 청년을 만났습니다. 화염병에 불을 붙여 파출소 유리창에 던져넣고는 도망을 가는 중이었습니다. 나는 그의 앞을 가로막고 꾸짖었습니다. "자네가 도둑이냐. 왜 도망을 가느냐. 자네 하는 일이 진정으로 나라를 사랑하는 일이라면 도망치지 말고 정정당당하게 싸워라. 지금 자네처럼 나랏일 하는 젊은이에게 장차 나라의 장래를 맡길 수 있겠느냐"고 꾸짖은 적이 있습니다. 그러나 그 청년은 나에게 "누군데 앞을 가로막고 이러십니까? 빨리 비키세요. 바쁩니다"고 했습니다. 바쁘다고 뿌리치고 가려는 그 청년의 옷소매를 붙잡고 나는 다시 "자네 내 말 더 들어야 하네. 바쁜 것이 바르게 바빠야지 그릇되게 바쁘면 자네 개인도 나라도 함께 잘못 가는 것이네"하고 이른 적이 있습니다.

　나라의 사정이 안팎으로 흔들리고 있습니다. 해방된 지 어언 반세기를 지나가고 있음에도 나라꼴이 제 모양을 갖추지 못하고 있습니다. 그래서 청년들이 나라 사랑하는 뜨거운 마음에 각목과 화염병을 들고 길거리를 뛰고 있는 것입니다. 그러나 그렇게 뛰어다니는 것이 나라를 일으키는 참된 길이 되지 못한다는 것은 이미 판가름난 바입니다.

　이제는 대안을 찾아야 할 때입니다. "진정한 용기는 가장 중요한 것을 위해 두번째 중요한 것을 버릴 수 있는 것"이라 했습니다. 지금에 이르러 조국을 사랑하여 조국을 살리는 길에 있어 가장 중요한 것이 무엇이겠습니까? 우리는 그 길이 예수 그리스도 안에 있다고 믿는 사람들입니다. 예수 안에 대안(代案; The Alternative)이 있다고 믿는 것입니다. 각인의 영혼이 구원받는 길이 예수 안에 있듯이 예수 안에 나라 살리는 길도 함께 들어있다는 것입니다.

　우리들이 죽은 후에 천당 가는 일, 그것만을 담당하시기 위해 예수님이 이 땅에 오신 것은 아닙니다. 물론 그 일이 첫번째로 중요한 일임은 당연합니다. 인간사에 있어 개인 개인의 영혼이 구원 받는 일보다 더 중요한 일은 없습니다. 그러나 개인의 영혼구원에 못지 않게 중요한 일이 있습니다. 바로 영혼이 구원 받아 죽어 천당 가기 전에 이 땅에서 사람답게 사는 일입니다. 우리들이 땅에 있는 동안에 사람답게 살지 못하고 죽어 천당 간다 한들 그 천당이 무슨 빛이 나겠습니까? 그렇다면 죽어 천당 갈 우리들이 죽기 전에 이 땅에 사는 동안에 사람답게 사는 길의 알맹이가 무엇이겠습니까? 바로 우리가 태어난 이 조국을 빛내는 일이라 하겠습니다. 조국을 섬겨 내 조국이 온 세계에 빛나게 하는 일입니다. 온 세계에 존경 받는 코리아가 되게 하는 일입니다. 그렇게 하는 길이 예수 안에 있다는 것입니다. 우리 각인을 구원하셨듯이 예수는 칠천만 한민족 전체를 구원하실 수 있으시다는 것입니다.

　이 책이 출간되는 뜻은 이 땅 위에 이 시대를 살아나가는 젊은이들에게 바로 이 사실을 알림에 있습니다. 젊은이들이 예수를 믿는 믿음으로 자기 영혼이 살고, 조국을 살림에까지 몸바치게 하자는 것입니다. 그러한 삶이 사람다운 삶이요, 그러한 신앙이 참 신앙이란 것입니다. "청년들이여, 이 민족을 살립시다. 예수를 믿어 예수의 이름으로 조국을 살립시다 ! ”

　이것이 우리의 신앙이요 우리의 사상입니다. 우리의 꿈이요 우
리의 비전입니다.

1992.11.1.
두레마을에서 김진홍

영적 지도자로 사는 길

차례

청년학생들에게 13

학원과 사회의 관계에 대하여 19

아둘람굴의 사역 29

영적 지도력 43

강성기조는 나라를 망칩니다 53

기독학생운동의 원칙 13

개혁하는 신앙 81

대안을 주는 신앙 111

토지와 자유 137

성서적 경제법 163

사람을 기르는 일 201

청년·조국·예수 213

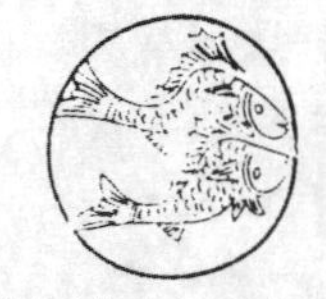

영적 지도자로 사는 길

청년학생들에게

진리운동의 네 가지 특징

우리들의 모든 삶이 그러하듯이 청년들의 삶 역시 진리 위에 세워져야 합니다. 신앙운동, 통일운동, 노동운동, 의식화운동 등의 모든 운동은 진리에서 시작하여 진리를 드러내고 진리를 거두는 '진리운동'이 되어야 합니다.

어느 운동이든 그 운동이 진리운동이 되려면 몇 가지 특징이 갖추어져야 합니다. 그 특징들의 첫째는 생명운동이어야 합니다. 둘째는 공동체운동이어야 합니다. 세째는 회개운동이어야 합니다. 네째는 사랑운동이어야 합니다.

오늘의 한반도 비극의 첫째는 생명을 아끼고 존중하지 않는 체제의 사람들이 남과 북에서 기득권을 잡고 있다는 점입니다. 남쪽은 사람보다 자본을 높이는 자본주의가, 북쪽은 생명보다 이데올로기를 내세우는 좌익전제주의가 지배하고 있습니다. 그 좌우세력 사이에서 백성들만 질식당하고 있습니다. 이런 현실에 도전하여 현실을 깨뜨리고 새로운 미래를 창출하여 나갈 희망은 청년·학생들에게 있습니다. '젊다'는 그 자체가 생명의 힘을 드러내는 것입니다. 그러므로 학생운동은 생명의 가치를 억압하는 체제나 이데올로기, 개인이나 집단을 밀어내고 생명의 가치를 드러내는 생명운동이어야 합니다.

진리운동의 두번째는 공동체운동이어야 한다고 했습니다. 우리는 한반도라는 '보금자리'(福音자리의 연음)에 함께 살아가고 있는 민족공동체의 일원들입니다. 지난 세월, 이 보금자리는 너무나 자주 유린을 당해왔습니다. 외세의 짓밟음과 권력의 횡포에 백성들의 보금자리는 늘 짓밟혀왔습니다. 이제 이 시대의 젊은이들은 이 보금자리를 지키는 일에 인생을 걸어야 합니다. 바로 공동체운동입니다. 함께 더불어 살아가는 공동체를 이 땅 위에 이루어야 합니다. 우리 조상들이 언제 자본주의를 알았습니까? 언제 공산주의를 따랐습니까? 모두 외세가 어거지로 씌운 사슬입니다. 우리는 이 사슬을 풀고 밝은 얼굴 훈훈한 마음으로 함께 살아가는 진리의 공동체를 한반도에 이루어야 합니다.

진리운동은 회개운동이어야 합니다. 오늘 우리 사회는 타인의 비행을 규탄하는 비판자가 너무나 많아졌습니다. 그러나 자신의 과오를 인정하고 자기 회개에서 시작하는 사람들은 너무나 적습니다. 더욱이 가장 순수하여야 할 젊은이들이 기성세대의 악을 규탄하면서 자신들의 잘못은 인정하려고 들지 않습니다. 역사 이래 수많은 혁명가들은 땅 위에 천국을 세우겠노라고는 약속했지만 결국 그들이 만들어낸 것은 지옥이었습니다. 자기 회개에서부터 시작하는 내적 경건이 앞서지 않는 운동은 결국 소란만 일으키다가 사라지는 소모품운동에 지나지 않는 것입니다. 하나님 앞에, 민족 앞에 자기 스스로를 회개하고 새로운 인간상과 새로운 사명에 자기를 헌신한 젊은이들만이 병든 민족의 역사를 바로잡을 수 있습니다. 자기 회개에서 시작되는 회개운동이 없는 운동은 거짓선지자들의 거짓운동이 될 수밖에 없습니다.

진리운동은 사랑운동이어야 합니다. 이 민족의 병을 고쳐나가는 일의 바탕은 사랑운동에서 시작되어야 합니다.

간디의 유명한 일화가 있습니다. 어느 날 한 젊은이가 간디를 찾아왔습니다. 그 젊은이가 간디에게 말하기를 "선생님, 저를 인도독립운동에 써주십시오. 저의 목숨을 걸고 충성하겠습니다"라고 했습니다. 간디가 그 청년에게 물었습니다. "자네는 왜 인도독립운동을 하려고 하는가?"젊은이가 대답하기를 "저는 인도를 억압하는 영국사람들이 너무나 미워 독립운동에 헌신하려 합니다"라고 대답했습니다. 그 말을 들은 간디는 입을 열었습니다.

"자네가 인도독립운동을 하겠다는 동기는 잘못되었네. 영국사람을 미워하는 마음이 있는 한 인도독립운동을 할 자격이 없네. 그 미움이 사랑으로 바뀌거든 다시 오게. 어떤 운동도 미움으로 하면 결과가 좋지 않네. 인도인을 사랑하듯 영국인도 사랑하게 되거든 다시 와서 인도독립운동을 하게. 인도독립운동은 인도인도 영국인도 함께 사랑할 수 있는 사람이 할 운동이지, 누군가를 미워하는 사람이 할 운동이 아닐세." 라고 조용히 타일러 그 젊은이를 돌려보냈다 합니다. 옳은 말입니다. 요즘 한국의 학생운동권의 구호 중에 "불타는 적개심으로"란 구호가 있다는 것과 퍽 대조가 됩니다.

고린도전서 13장에서 사랑에 대하여 이르기를, "내가 사람의 방언과 천사의 말을 할지라도 사랑이 없으면 소리나는 구리와 울리는 꽹과리가 되고… 내가 내게 있는 모든 것으로 구제하고 또 내 몸을 불사르게 내어줄지라도 사랑이 없으면 내게 아무 유익이 없느니라"고 했습니다.

이 말씀을 오늘의 언어로 바꾸어 표현해 봅시다.

"그대가 운동권의 방언과 혁명가의 말을 할지라도 사랑이 없으면 울리는 꽹과리가 되고, 그대가 밤낮 화염병을 던지고 몸에 신나를 뿌려 분신자살을 할지라도 사랑이 없으면 아무 유익이 없느니라."

기르는 운동, 나누는 운동

위에서 이 땅 위의 학생운동이 진리운동이 되어야 한다고 했습니다. 그리고 그 진리운동은 생명운동, 공동체운동, 회개운동, 사랑운동이 되어야 함을 말했습니다. 생명운동으로서의 진리운동은 바로 '기르는 운동'입니다.

학생시기는 규탄하고 무너뜨리며 데모하는 시기가 아닙니다. 학생시기는 준비하고 쌓고 기르는 때입니다. 먼저 자기자신을 기르는 때입니다. 민족은 지금 데모하는 학생을 원하고 있는 것이 아닙니다. 준비하는 학생을 원하고 있습니다. 데모하는 학생들은 현재의 길거리의 주인은 될 수 있을지언정 역사의 주인은 될 수 없습니다. 내일의 역사는 준비하는 자들이 차지합니다. 자신을 길러 역사의 미래에 대비하는 자들이 바로 생명운동으로서의 진리운동을 주도할 자질이 있는 그릇들입니다. 우리 사회는 그간에 비판에만 열중하였지 누구도 대안(代案)을 제시하지는 못했습니다. 청년·학생운동은 이제 현실의 모순을 극복하고 바른 미래를 창출해 나갈 대안을 제시하는 운동이 되어야 합니다. 대안을 제시하지 못하는 운동은 자기자신에게도 백성들에게도 피해를 주는 운동이 됩니다. 그렇다면 어떤 사람들이 대안을 가지게 됩니까? 바로 생명에의 경외와 진리에의 열정을 지닌 젊은이들입니다.

공동체운동으로서의 진리운동은 '나누는 운동'입니다. 요즘은 민중논의가 왕성합니다. 이 땅의 억압당하고 있는 민중의 해방을 위해 헌신하겠다는 젊은이들이 늘어나고 있습니다. 문익환 목사께서도 평양 봉수교회를 찾아가 "지금 북한에는 수만 명의 부활한 전태일이 민중의 해방을 위해 투쟁하고 있다"는 요지의 설교를 하여 좌중의 기립박수를 10분이 넘도록 받았다 합니다. 그러나 저는 '민중'이라는 말 자체를 좋아하지 않습니다. 더군다나 크리스천의 입장에서 민중해방을 운운하는 것은 그 바탕에 있어 성경적이 아니지 않느냐라는 생각이 듭니다. 왜냐하면 민중을 너무 내세우다 보면 결과는 계급이론에 빠져드는 것이라 생각되기 때문입니다.

성경에는 거듭거듭 가난한 자들에게 복음을 전할 것을 촉구하고 있습니다. 그러나 계급으로서의 가난한 사람들의 해방, 즉 민중의 해방을 말하고 있는 것은 아닙니다. 물론 성경을 읽고 해석하고 은혜받는 길도 가지가지여서 제각기 자기 입장에서 해석하고 적용하겠지만, 요즘 일고 있는 민중논의는 기독교적이 아닌 현실해석이라 생각되어집니다. 우리는 좁은 땅에 많은 수가 몰려 살면서 편가르기를 할 것이 아니라 더불어 함께 살아가는 민족공동체, 나눔의 공동체를 지향해야 합니다. 우리는 가진 자들의 회개를 촉구할지언정, 그 타도나 박멸을 부르짖는 것은 민족번영에의 뿌리를 마르게 하는 처사라 생각합니다.

버리는 운동, 섬기는 운동

다음으로 이 땅의 학생들이 추구해 나가야 할 진리운동으로서의 회개운동은 '버리는 운동'이 되어야 합니다. 자기자신을 버리는 운동이 회개운동입니다. 이는 자신의 욕심도 아집도 분노도 설움도 모두 버리고 빈 마음에서 큰 뜻을 섬기고 살아가는 운동입니다.

성경은 "좌로나 우로나 치우치지 말라"(수 1:7)고 했습니다. 대체로 치우치는 사람들의 치우침의 원인은 자기에게 매여있기 때문입니다. 자기의 좁은 테두리에 집착하여 전체를 보지 못하고 중심을 보지 못한 채, 어느 한편에 치우치게 되는 것입니다.

분명히 일부 학생들은 좌로 치우치고 있습니다. 좌로 치우쳐 세계가 쓰다버린 사회주의와 공산주의 이론을 이 땅에 다시 펴려 합니다. 세계 최악의 독재자 김일성의 주체사상을 민족생존에의 탁월한 이념이라 추켜들고 나오고 있습니다. 그들은 너무나 모르기에 빠져드는 희생자들입니다. 반면에 일부 인사들은 우로 치우쳐 독재권력을 옹호하고 반대세력에 대하여 '싹쓸이'를 이야기합니다. 그들 대개는 반공·구국의 간판으로 자기네의 권익을 지키려 들고 있습니다.

이러한 시국에 좌로나 우로나 치우침이 없는 젊은이들이 필요합니다. 그들이 민족의 희망이자 역사의 주인공들입니다. 그들을 모으고 기르고 합쳐 대세를 이끌어가는 운동을 일으켜야 합니다.

그 운동은 사랑의 운동이어야 합니다. 사랑운동은 바로 '섬기는 운동'입니다. 민족의 이름으로 백성 한 사람 한 사람을 섬기고 역사 앞에서 하루하루를 섬기는 자로서 삶의 내용이 있어야 합니다. 섬김으로써 이루어지는 사랑공동체를 저는 '예수공동체'라 부릅니다. 예수께서 가르치신 교훈의 알맹이가 바로 그 점에 있기 때문입니다. 예수공동체는 남쪽의 자본주의 모순도 북쪽의 공산주의 함정도 지양하는 시대의 대안이자 민족의 활로입니다.

오늘의 청년·학생들이여! 조국에 사랑공동체, 예수공동체를 이루는 일에 헌신합시다. 그리하여 이 땅에 새 시대 새 민족을 창출하여 나갑시다.

학원과 사회의 관계에 대하여

사회의 거울이요 못자리인 학원

학원은 그 사회의 거울이요, 못자리판입니다. 거울이라 함은 그 시대 그 사회의 모든 모순과 갈등이 학원에 그대로 반영되기 때문이요, 못자리라 함은 농부가 못자리에서 기른 모를 논에 옮겨심어 수확을 거두듯이 학원에서 길러진 인재들이 사회에 배출되어 그 사회를 이끌어나가는 지도자가 되기 때문입니다. 그래서 학원의 역할 중에 두 가지의 큰 역할이 있게 됩니다.

첫째는 그 사회의 거울로서 그 사회를 비판하고 바로잡음이고, 다른 하나는 학원에서 길러지고 준비된 일꾼들이 내일의 새 역사를 창출케 하는 일입니다. 한국 땅에 있는 학원들이 이 두 가지 사명을 양쪽 다 감당하여야겠으나, 그때 그때의 사회적 상황에 따라 어느 한편으로 치우치게 되기 마련입니다.

지금의 학원은 어떠합니까? 지금의 한국 학원들은 현실비판의 기능에 휘말리어 미래창조의 역할을 등한시하고 있습니다. 오늘의 한국 현실은 군부의 장기 독재체제 아래 군인들이 상식 이하의 통치를 하고 있습니다. 군인들의 횡포에 대한 백성들의 실망과 분노는

극에 달해 있습니다. 이러한 국민들의 분노가 가장 민감하게 나타나는 곳이 학원입니다. 학원은 국민들이 미처 느끼기 전에 먼저 느끼고 먼저 행동하고 말합니다. 그래서 비뚤어진 통치권력과 순수한 학생들은 부딪칠 수밖에 없습니다.

지난 해 몇몇 캠퍼스를 다녀보고 저는 학생들이 고맙고도 불쌍하다고 생각했습니다. 고맙다는 것은 목숨걸고 나라를 사랑하고 정의를 외쳐대는 그 모습들이 고맙게 여겨졌다는 것이고, 불쌍하다는 것은 한창 낭만과 꿈에 취해지내야 할 나이에 최루탄과 방망이 앞에 몰리는 것이었습니다. 전 세계에서 한국의 대학생들처럼 민족애와 정의감에 불타는 학생들을 찾을 수 없습니다. 그 착하고 고마운 우리 학생들을 기성세대가 구둣발로 짓밟고, 고문하다가 죽게 하고, 성고문을 한다는 것은 탄식할 노릇입니다.

혹자는 학생들이 너무 좌경화되었다고 염려도 하고 매도하기도 합니다. 그러나 제 생각으로는 너무 일방적인 비난이라 생각됩니다. 학생들이 본래 좌경화된 것이 아니라 현실의 벽이 너무나 두텁고 반동적이니까 어떻게 해보려는 몸부림이 때로는 좌로도 나타나고 우로도 나타나는 것이 아니겠습니까? 어느 분이 학원의 좌경화에 대하여 비유로 말하기를, 학원이 좌경화가 되어 좌경화가 아니라, 한쪽이 너무 우경화로 가고 있으니까 상대적으로 다른 한쪽이 좌경화로 보이는 것이라 했습니다. 예를 들면, 어떤 버스에 손님이 가득 타고 있는데 운전수가 핸들을 갑자기 오른편으로 돌리니까 뒤에 앉은 손님들의 몸이 반동으로 왼쪽으로 일시 기운 것이란 비유입니다. 참으로 적절한 비유입니다. 이 비유에서 운전수가 갑자기 손님들의 양해도 없이 오른편으로 몰아가니까 손님들이 일시적으로 왼편으로 기울게 되었다는 그 '일시적'이란 말이 중요합니다. '일시적'이란 말은 운전수의 운전만 균형을 잡아 바로 해주면 뒷편의 손님들이 왼편으로 기운 것도 자연히 바로 잡아질 것이란 말이 됩니다. 옳은 말입니다.

많은 분들이 학원가의 좌경화에 대해 염려합니다. 그러나 나는 우리 학생들을 믿습니다. 우리 학생들이 이미 낡아버린 마르크스 레닌주의, 모택동 이념에 빠져 천하대세를 바로 보지 못할 만큼 어리석진 않을 것입니다. 물론 일부 학생들은 분명히 좌경화되고 마르크스와 모택동 식으로 현실문제를 해결해야 한다고 믿기도 할 것입니다. 그러나 이들은 어디까지나 일부 중의 일부일 것입니다.

몇 사람의 예외를 가지고 학원 전체가 붉게 물들어 있는 듯이 외쳐대는 그 자체가 불순한 것입니다. 분명히 정치적 의도를 가지고 학원가의 좌경화를 지나치게 부각시키고 있을 것입니다. "학원가가 붉게 물들어가고 있으니 학생운동을 탄압해야 한다. 학원을 탄압하지 않으면 학생들의 영향으로 노동자, 농민까지 붉게 된다. 그러니 우리가 학생운동을 탄압하는 것은 애국적인 처사다. 그래서 우리가 계속 집권해야 된다. 다른 사람이 집권하면 국가 전체가 좌경화되기 쉽다." 그런 식으로 속이 들여다 보이는 논리를 내세우며 학생들을 아무데서나 잡아들이고 조사합니다. 그러다가 죽이기도 하고 병신되게 합니다. 이런 불순하고 반민족적인 세력은 반드시 제거되어야 하고 또 심판받아야 합니다. 자기들의 불의한 권력을 애국·안보를 내세워 위장하기 때문입니다. 성경말씀을 들어 말하자면, 바로 예수님께서 말씀하신 양의 탈을 쓴 이리떼입니다.

오늘의 한반도의 문제는 무엇인가?

바로 남·북간의 권력을 쥐고 있는 이 이리떼를 몰아내는 일입니다. 어떻게 몰아낼 것입니까? 국민 중 생각있는 분이라면 모두가 이 이리떼를 몰아내야 한다는 데까지는 동의하고 있으나 문제는 이들을 어떻게 몰아내느냐는 문제, 즉 '어떻게'의 문제에 관해서는 뾰족한 답을 내놓지 못합니다. 왜냐하면 이들에게는 무기가 있기 때문입니다. 그 무기를 거침없이 쓸 흉포와 무지가 있기 때문입니다. 그들에게는 그 무기를 들고 길에 서서 막아주는 하수인들이 있고, 뒤에서는 계속 무기를 대어줄 후견세력이 있습니다. 이런 완벽한 체제에 대하여 학생들은 맨주먹으로 부딪칩니다. 그러니 상하고 당하는 것은 학생들입니다. 유린당하는 것은 병영이 아니라 학원입니다. 그래서 혹자는 "헌법을 바꾸면 된다"하고, 혹자는 "자체 내에서 무너지도록 기다려야 한다"고도 합니다. 헌법을 바꾸자니 당사자들이 유리하게 만들어 두고두고 차지하려 하고, 미국을 설득하려니 미국이 자기네 이권을 생각하지 한국 백성들의 편을 들려 하지 않습니다. 그렇다고 무작정 앉아 기다리기만 할 수도 없습니다. 그래서 오늘의 한국에서 지식인들이 당하는 좌절과 갈등은 단군 이래 최악의 상태라 합니다. 권리주장 이전에 자존심이 상하고 창피스럽고 좌절감에 빠지게 합니다.

그런데 저는 우리의 앞날에 대해 희망을 가집니다. 오늘의 학생들이 현실을 보고 좌절하거나 자신을 낭비하지 말고 저와 같은 희망을 가지게 되기를 바랍니다. 저는 20년 가까운 세월을 저변층에서 선교활동을 해왔습니다. 빈민촌, 공장, 감옥살이, 농촌을 거치며 험한 세월을 지내왔습니다. 좌절하고 낙심하자면 누구보다 먼저 낙심했을 것입니다. 그러나 오히려 저는 내일의 밝은 역사를 바라봅니다. 왜냐하면 우리나라의 민주주의는 이미 밑바닥에서 자라고 있기 때문입니다. 우리 민족의 장래 운명은 지금에 와서 한 단계 솟아올라 국운을 열 전기에 와 있다고 보기 때문입니다. 무엇을 보고 그렇게 느끼느냐? 백성들의 열기에서 그것을 느끼고, 일천만 크리스천의 기도에서 느끼고, 학원가의 정열에서 그것을 느낍니다. 아니, 산속 깊이 혼자 기도할 때 성령의 깨우침 중에서 그것을 깨닫습니다. 어차피 이리떼들은 물러가게 마련입니다. 자기들이 원해서 물러가는 것이 아닙니다. 역사가 밀어내고 하나님이 밀어 냅니다. 그러니 밀어내는 일에 정열을 쏟지 말고 그 다음을 준비하는 일에 삶을 걸기를 바라고 부탁합니다. 저는 대학생들에게 거듭 거듭 말합니다. "미래는 준비하는 사람들의 것이지 데모하는 사람들의 것이 아니다"라고.

우리는 크리스천입니다. 크리스천이라 함은 역사의 발전에 대한 성서적 견해를 가진 사람들입니다. 크리스천에게 있어 역사는 무엇입니까? 역사는 하나님의 영, 성령님의 활동무대입니다. 역사는 성령의 뜻에 따라 움직이지 권력 가진 사람의 뜻을 따라 움직이는 것은 아닙니다. 하나님이 역사를 움직인다 함은 하나님의 영을 받은 사람들이 그 일에 쓰임받음을 의미합니다. 그래서 오늘의 한국에서 가장 심각한 문제는 이리떼 같은 자들이 권좌에 앉아있는 것이 첫번째 문제가 아니라, 그들을 밀어내고 그 자리에서 하나님의 역사를 펼쳐낼 선한 무리들이 아직 준비되지 않은 것이 더 큰 문제입니다. 만약 학생들이 피를 흘려 권좌의 주인을 밀어내면 아마 조금은 덜하지만, 근본은 비슷한 무리들이 다시 그 자리에 앉게 될 것입니다. 우리 한반도의 역사를 살펴보면 쉽게 알 수 있습니다. 백성들의 기대는 늘 배반당해 왔습니다. 속고 또 속은 백성들의 한은 이제는 원이 되어 허공에 맴돌고 있습니다. 그 원이 풀리지 못해 뭉쳐 남·북간에서 재난을 일으키고 있습니다.

그 원과 한을 누가 어떻게 풀어야 합니까? 바로 크리스천이 풀어야 하고 지식인들이 풀어야 합니다. 크리스천과 지식인을 합친 크리스천 지식인들이 백성들의 원한을 푸는 일에 도구로 쓰임받아야 합니다. 쓰임받으려면 바쳐져야 합니다. 바쳐지려면 준비해야 합니다.

학원에서 학생으로 있는 기간은 바로 그 기간입니다. 이 땅 위에 맺힌 역사의 원한을 풀어줄 사명을 받고 그 사명과 함께 자기를 바치기 위해 준비하는 기간입니다. 뼈를 깎는 아픔을 속으로 삼키며 자신이 준비된 사람들이 무리를 지어 병든 역사를 바로 잡을 준비를 해야 할 때가 대학시절입니다. 그래서 저는 대학생들이 데모하지 말고 데모하는 열 배의 노력과 투지로 자신을 준비하라고 권합니다. 오늘의 대학생들이 데모로 밤낮을 보내면 30년 후에도 역사는 바로 서지 못할 것입니다. 그러나 오늘의 학원이 내일을 준비하는 일에 전심한다면 30년 후의 이 나라는 제자리에 들어서게 될 것입니다. 문제는 오늘이 아니라 내일입니다. 5000년 긴 역사에 언제나 오늘만 생각해왔기에 혼란과 반복의 연속이었습니다.

그래서 우리나라 말에는 '어제', '오늘'이란 말은 있어도 '내일'이란 말은 없어 '來日'이란 한자어를 쓰고 있습니다. 그래서 어제 오늘만 알았지 내일을 모르는 민족이라고도 합니다. 지금의 우리에게도 내일은 그냥 오는 것이 아니라 준비하는 사람들에게 선물로 주어지는 것입니다. 그런 뜻에서 저는 우리 학원이 오늘의 거울로서가 아니라 내일의 못자리판으로 있기를 바랍니다. 오늘의 대학생들이 지금의 병든 나라를 고치기 위해 내일을 준비하는 세력으로 있기를 희망합니다.

새 손톱을 길러내는 일

저는 70년대에 감옥에서 손톱이 빠진 적이 있습니다. 왼쪽 가운데 손가락의 손톱이 빠지게 됐습니다. 손톱이 빠져나갈 때의 아픔은 겪어보지 못한 사람은 상상하기도 어려운 고통입니다. 아침에 잠이 깨어 기지개를 할 때, 아픈 손가락의 손톱이 이불호청에 걸리기라도 하는 날이면 전신이 송곳으로 찔리는 것 같은 통증을 느낍니다. 세수하다가 손톱이 머리카락에 걸리기라도 하면 온몸이 자지러질 듯한 통증을 느낍니다. 저는 아픈 손톱을 매만지며 이렇게 손톱을 상하게 한 자들에 대해 어떻게 복수를 할까 생각하고 그들을 저주하며 그들의 손톱도 뽑아 이 아픔을 자신들도 경험하게 해야 된다고 생각했습니다. 제가 받는 고통의 몇 배를 되갚아주어야 한다고 다짐했습니다.

그런데 하루는 아픈 손톱자리를 매만지며 살피다가 한 가지 사실을 발견했습니다. 상처난 손톱의 밑에서 연한 새 손톱이 자라고 있는 것을 발견했습니다. 그때에는 단순히 '병든 손톱 밑에서 새 손톱이 자라고 있구나'하는 정도로만 생각했습니다. 그런데 며칠 후에 다시 손톱을 살피다가 저는 큰 깨우침을 받았고, 그리고 영감을 받았습니다. 다름아니라 며칠 전에 보았던 헌 손톱 밑의 새 손톱이 그 사이에 상당히 자랐었는데, 문제는 새 손톱이 자라나고 있는 만큼 헌 손톱이 밀려나고 있다는 것이었습니다. 못된 헌 손톱은 밑에서 새 손톱이 자라나고 있는 만큼 밀려나고 있는 것이었습니다. 그래서 저는 생각했습니다. '헌 손톱 뽑아내는 것이 문제가 아니라 새 손톱 길러내는 것이 문제로구나.' 그렇다면 새 손톱을 어떻게 빨리 길러내느냐가 문제라 생각하고 새 손톱을 길러내는 일에 몰두하기 시작했습니다. 새 손톱이 빨리 자라려면 체력이 왕성하여 신체 각 부분에 영양공급이 잘되고 세포분열이 왕성해져야겠는데, 어떻게 해야 체력을 증진시킬 수 있겠느냐에 대해 구체적으로 생각하게 되었습니다. 그래서 냉수마찰을 하고 맨손체조를 하고 음식을 꼭꼭 씹어먹으며 체력증진을 위해 노력을 했습니다. 그랬더니 저에게 고통을 주던 헌 손톱이 밀려나는 속도가 현저히 빨라지는 것을 알 수 있었습니다. 그러던 차에 어느 날 자고 나니 그렇게 괴롭히던 손톱이 밤사이에 사라져버린 것을 알게 되었습니다. 저는 섭섭하여 이부자리를 뒤적이며 찾으려 했으나 찾지를 못했습니다. 저는 그 손톱이 빠지기 전에 생각하기를 이 손톱이 빠지면 보관하고 있다가 감옥을 나간 후에 액자에 넣어 벽에 걸어두고 묵상을 하다가 제가 세상을 떠나는 날에는 손자들에게 유언을 해야겠다고 생각했었습니다. 손자들에게 "우리 집안은 헌 손톱 뽑는 집안이 되지 말고 새 손톱 길러내는 가문이 될지니라"고 유언할 생각을 했었습니다. 그랬는데 그 손톱이 정작 사라질 때는 소식없이 흔적없이 사라져버린지라 못내 아쉬웠던 것입니다.

제가 이 손톱 이야기를 통하여 하고 싶은 말은, 우리 사회가 헌 손톱 같은 독재체제 아래 국민들이 고통을 당하고 있는데, 이 현실에 대해 학생제군들이 취해야 할 가장 본질적인 운동의 내용이 무엇이 되어야 할 것인가에 관한 것입니다. 폐일언하고 저는 학원에 몸담고 있는 학생들이 기성세대를 밀어내는 일에 전력을 기울이는 것보다 오히려 역사창조의 본질적인 면에서 새 시대를 만들어내는 일에, 새 손톱을 길러내는 일에 전심(全心)하기를 권하고 싶습니다.

우리 시대의 가나안

저는 지난 20여 년 세월을 빈민촌, 공장, 감옥, 농촌개척지를 거치면서 우리 사회의 민주주의가 이미 밑바닥에서부터 자라고 있음을 확인해왔습니다. 눈에 보이는 현실은 어두움이 극에 달해있을지라도 그 어두움의 뒷편에서 다가오고 있는 새벽의 빛을 볼 수 있어야 합니다. 저는 대학생들이 민족사의 긴 흐름에서 한 번 사는 귀한 생애를 민족의 장래를 위대하게 하는 일, 새벽을 깨우는 일에 전심전력 다해주기를 바랍니다.

모세의 경우를 살펴봅시다. 애굽 땅에서 바로왕의 전제정치 아래 생존고를 겪고 있는 동족들에게 모세는 무슨 일을 하였습니까? 저는 모세의 경우가 기독학생운동의 질적 내용이 되기를 바랍니다. 이스라엘 백성들을 위해 모세가 할 수 있는 일은 둘 중의 하나였습니다. 첫째는 전제군주 바로에 대하여 저항하고 반체제운동을 일으켜 그를 밀어내는 일이었습니다. 둘째는 막강한 권력 앞에 굴종하여 권력을 여호와께로서 온 것이니 순종하라고 백성을 달래는 것이었습니다(롬 13:1—3). 그러나 모세가 한 일은 첫번째의 저항도 아니었고 둘째번의 굴종도 아니었습니다. 그것은 그 체제, 그 질서 속에 있지 않는 하나님의 약속의 말씀을 받들은 제3의 대안, 가나안 땅에의 새로운 메시지였습니다. 모세는 바로왕의 탄압에 신음하는 백성들에게 젖과 꿀이 흐르는 약속의 땅, 가나안 복지를 보여주는 일을 하였습니다. 그는 가나안 땅의 비전에 백성들을 뭉치게 하여 출애굽의 역사를 일으켰습니다.

오늘날 우리 현실에서 크리스천 지식인들은 이 땅의 어디에 있습니까? 저는 기독학생들이 기도와 금식과 토론과 뼈를 깎는 고통을 치르며 이 시대의 '가나안 땅'을 백성들에게 보여줄 수 있기를 바랍니다. 제가 섬기는 활빈교회는 그 약속의 땅을 '두레마을'이라 정하고 열심히 일하고 있습니다. 하나의 조그만 대안입니다. 그러나 '두레마을'이란 대안은 활빈교회와 김진홍 목사의 대안이지 이 나라 이 교회 전체의 해답이 될 수는 없습니다. 저는 지금 캠퍼스에 있는 학생 여러분들이 우리의 백성 모두가 함께 따를 수 있는 '가나안 땅'을 제시할 수 있기를 바랍니다. 그 일에 여러분들의 젊음과 장래를, 신앙과 인생 전체를 걸 수 있기를 바랍니다.

아둘람굴의 사역

정치 지도자를 길러내는 정치

얼마전 호남지역의 한 도시에서 집회를 인도한 적이 있었습니다. 은혜 중에 집회를 마친 날, 저는 긴장이 풀린 마음으로 잠자리에 들었습니다. 그런데 밤 12시가 거의 다 된 시간에 숙소로 방문객이 찾아왔습니다. 다섯 명의 젊은이들이었습니다. 저는 무언가 중요한 일이 있기에 이 늦은 시간에 찾아와 단잠을 깨우는 것이 아닌가 하는 생각으로 그들을 맞았습니다. 제 방에 들어온 그들은 밤늦은 시간에 방문케 되어 죄송하다는 인사를 한 후 전혀 예상치 못한 말을 했습니다.

그들의 이야기인즉 "저희들이 이런 늦은 시간에 실례를 무릅쓰고 찾아뵙게 된 것은 목사님께 꼭 드릴 말씀이 있어서입니다. 저희들이 드리고 싶은 말씀은 목사님께서 앞으로 이 나라의 대통령이 되시라는 말씀입니다"라는 것이었습니다. 저는 목사에게 찾아와 대통령이 되어달라는 그들의 말에 어안이 벙벙해져서 "무슨 뜻의 말씀이신지 …"하고 되물었습니다. 그랬더니 "목사님, 저희들은 목사님께서 인도하신 이번 집회에 꼭꼭 참석하였습니다. 집회기간

중에 시간마다 큰 은혜를 받았고, 오늘 저녁에는 집회가 끝난 뒤에 함께 모여 받은 은혜를 서로 나누었습니다. 그러던 중에 합의된 사항이 우리들이 지금 목사님을 찾아뵙고 목사님께서 앞으로 우리나라의 대통령이 되어달라고 부탁드리자는 것이었습니다. 저희들의 생각은 목사님 같으신 분이 이 나라의 대통령이 된다면 우리들 같은 서민들의 한을 풀어주실 것 같아 이런 행동을 하게 된 것입니다"라고 진지한 태도로 말하는 것입니다.

그날 저녁, 저는 그들에게 차근차근 일러주었습니다.

"여러분들이 저를 찾아와서 그런 말을 하여 주신 것은 참 고맙습니다. 그렇지만 저의 생각은, 저 같은 성직자가 직접 정치에 나서는 것은 좋지 않다는 것입니다. 그 문제는 제가 목사 안수 받을 때에 이미 정치가의 길이 아닌 성직자의 길을 선택한 것으로 끝이 난 것입니다. 그런데 저 같은 성직자가 꼭 수행해야 하는 정치가 있습니다. 바로 정치가를 길러내는 정치입니다. 우리나라에 바람직한 정치 지도자가 적은 것은 길러지지 않았기 때문입니다. 한 그루의 나무도 심고 물주고 가꾸어야 길러지듯이 지도자란 길러져야 합니다. 명색이 장로였던 초대 대통령 이승만이 이 민족에게 큰 죄를 지었던 것 중의 하나는, 그가 후계 지도자를 키우지 않았다는 것입니다. 오늘의 일본정치가 제대로 되어가는 것은 이승만 대통령과 같은 시기에 일본을 이끌었던 요시다 시게루라는 수상이 재임 중에 후계 지도자들을 잘 길러 정권을 맡기고 물러나는 좋은 전통을 세웠기 때문입니다. 해방 이후 이 사회가 혼란을 거듭하고 있는 것은 사람기르는 일에 관심과 투자를 하지 않았기 때문입니다. 그렇기에 한국교회 전체와 목사들이 이 시대, 이 땅에 행해야 하는 중요한 과제 중의 첫째가 지도자들을 길러내는 것입니다. 그 지도자들 중에서도 먼저 정치 지도자들을 교회가 길러내야 합니다. 저 같

은 성직자가 감당해야 할 정치의 몫은, 앞에서 말한 바대로 직접
나서서 정치하는 것이 아니라 이 나라를 바르게 이끌어나갈 정치
지도자를 길러내는 것입니다."

　　그날 저녁 그 청년들에게 설명하여 준 말이 바로 평소의 저의 생
각입니다. 그리고 어떤 처지에서도 꼭 실천해 나가겠다고 다짐하고
있는 생각입니다.

　　현대는 정치의 시대입니다. 국민들의 삶의 내용을 결정하는 가
장 중요한 분야가 정치입니다. 그래서 그 나라 정치의 질에 따라
백성들의 삶이 결정되어지고, 그 민족공동체의 장래가 결정되어집
니다. 그렇게 중요한 정치를 감당하여 나가는 사람들이 정치 지도
자들입니다. 백성들의 삶의 모든 분야 속에 하나님의 정의와 진리
가 스며들게 하는 일에 전력을 다하여야 하는 교회는 당연히 정치
지도자들의 자질에 대해서도 관심을 가져야 합니다. 한국교회는
그 동안에 한국의 정치문제에 대하여 두 가지 입장을 취하여왔습
니다. 그 입장의 첫째는 현실 정치에 대하여 도피 내지 초연한 입
장을 취하자는 쪽입니다. 보수교회 측에서 그런 경향이 심했습니
다. 둘째는 정치적 문제에 대하여 저항 내지 투쟁하는 입장이었습
니다. NCC를 중심으로 그런 입장을 취하여왔습니다. 이제 와서
돌이켜보면 두쪽 다 지양하여야 할 바가 있었습니다. 두쪽이 다 신
앙적인 입장이었고 합당한 명분이 있었습니다. 그러나 이제는 한
차원 더 높여서 생각하고 행동해야 할 때가 되었습니다. 지난 날의
경험을 되살리면서 한국교회가 앞으로 취해야 할 정치에 대한 입
장이 어떠해야 하겠는지를 깊이 생각하여야 합니다. 성경은 누누
이 말씀하십니다. 좌로나 우로나 치우치지 말라고 말입니다. 교회
가 정치에 대하여 무관심하려는 것은 우로 치우치는 생각입니다.
한편 저항 일변도로 나가려는 것은 좌로 치우치는 것입니다. 그렇

다면 좌로나 우로 치우치지 않는 길은 어떤 길이겠습니까?

모세의 선택, 모세의 대안

우리는 모세의 경우에서 한 좋은 본보기를 찾을 수 있습니다. 출애 굽기 3장에서 모세는 하나님의 부르심을 받아 동족 이스라엘을 애 굽 종살이로부터 구해내는 지도자로 헌신하게 됩니다. 모세는 자 기 동족에게로 가서 자기가 받은 사명을 어떻게 감당하여 나갔습 니까? 그때 모세가 취한 원리와 방법론이 오늘 한국교회가 취해 야 할 본보기가 됩니다. 먼저 우리의 상식적인 수준에서 모세가 취 할 수 있는 방법 두 가지를 생각해봅시다. 첫째는 이스라엘 백성들 에게 억압정치를 베푸는 바로왕에 대한 반독재운동을 펴는 길입니 다. 지난 30년 동안 한국교회의 왼편 그룹에서 열심히 해온 일입니 다. 모세가 애굽땅에서 취할 수 있는 방법의 두번째는 바로왕의 억 압체제 아래서 신음하고 있는 백성들을 타이르고 위로하며 천국소 식을 전하는 길입니다. "우리는 바로왕 신경쓰지 말고 하나님만 잘 섬깁시다. 우리는 이 땅에서 믿음으로 견디다가 죽어 천국 갑시다. 우리를 탄압하는 바로왕은 지옥 갑니다. 우리는 천국 갑니다"는 말 로 복음을 전하는 길입니다. 이런 방법은 자기도 모르는 사이에 바 로왕을 도와주는 길이 됩니다. 억압받는 백성들을 독재자에게 순 종하라고 길들이는 일이 됩니다. 지난 30년간 한국교회의 오른편 에 선 분들이 이 일을 하였습니다.

　그런데 모세는 어느 편을 택하였습니까? 첫째 방법도 아니요, 둘째 방법도 아니었습니다. 모세는 제3의 길을 선택하였습니다. 그 제3의 길은 모세의 대안(The Alternative)이라 부릅니다. 그때 모세가 취하였던 길은 바로왕의 체제 아래서 살고 있던 어떤 종교 가도, 정치가도 생각해낼 수 없었던 제3의 방법이었습니다. 이 제3

의 방법을 세상 학자들이, 종교가들의 생각해낼 수 없었던 것은 이
방법이 위로부터, 하늘로부터 임한 하나님의 방법이었기 때문입니
다. 즉, 하나님께서 모세로 알게 하신 계시의 방법이었습니다. 그
것은 바로왕의 체제에서 해방되어 새 땅, 가나안 땅을 바라보며 애
굽의 땅을 탈출하는 출애굽의 길이었습니다. 그것은 가나안 땅에
들어가 새 땅, 새 역사를 세우는 길이었습니다. 그 새 땅에 세워지
는 이스라엘을 소위 모세의 대안공동체(The Alternative Commu-
nity)라 부릅니다. 이 대안공동체가 바로 오늘의 한국교회가 이 땅
에서 성취해 나가야 할 대안이 되어야 합니다.

오늘의 한반도에는 남과 북, 서로 다른 체제가 자리를 잡고 있습
니다. 둘 다 우리 스스로가 택한 길이 아닙니다. 강대국들이 우리
에게 가져다 뒤집어 씌운 멍에입니다. 북쪽의 체제는 좌로 치우친
체제입니다. 남쪽의 체제는 우로 치우친 체제입니다.

우리 민족이 남북간에 치우친 좌우체제를 벗어나 이땅에 세워야
할 대안공동체는 무엇이겠습니까? 한국의 크리스천들은 바로 이
문제를 기도하고 고민하고 해결해야 할 것입니다. 이런 큰 일을 담
당해 나갈 일꾼을 길러내야 합니다.

다윗을 길러낸 사무엘

우리는 성경에서 이런 일을 이루어낸 인물로 모세에 이어 다윗을 들
수 있습니다. 다윗은 이스라엘 역사가 뿌리채 흔들리고 있었던 시대
에 목동의 몸으로 일어나 위대한 왕국을 이루어낸 인물입니다. 우리
는 다윗이 어떻게 그런 큰 일을 이루어낼 수 있었는지를 살펴 우리
들의 본보기로 삼아야겠습니다. 먼저 다윗이란 인물이 있게 된 그
기초는 선지자 사무엘에서 시작됩니다. 사무엘 선지가 없었다면 다
윗왕도 없었을 것입니다. 그렇기에 다윗이 다윗되게 한 배경으로서

의 사무엘 선지를 먼저 살펴보아야겠습니다. 사무엘 선지는 두메산 골의 한 농가에서 태어나 일생을 선지자로 일관한 자입니다. 그에게 는 왕이 될 수 있었던 기회가 여러 번 있었지만, 그는 스스로 선지 자의 자리를 끝까지 지켰습니다. 사무엘이 일생 동안 얼마나 청빈하 고 당당하게 온 국민의 사표로서의 삶을 살았는지는 사무엘상 12장 에 잘 나타나 있습니다.

"… 보라 나는 늙어 머리가 희었고 내 아들들도 너희와 함께 있 으니니라 내가 어려서부터 오늘날까지 너희 앞에 출입하였거니 와 내가 여기 있나니 여호와 앞과 그 기름 부음을 받은 자 앞에 서 내게 대하여 증거하라 내가 뉘 소를 취하였느냐 뉘 나귀를 취 하였느냐 누구를 속였느냐 누구를 압제하였느냐 내 눈을 흐리게 하는 노물을 뉘 손에서 취하였느냐 그리하였으면 내가 그것을 너희에게 갚으리라 그들이 가로되 당신이 우리를 속이지 아니하 였고 압제하지 아니하였고 뉘 손에서 아무것도 취한 것이 없나 이다"(삼상 12:2—4).

위의 말씀을 통하여 우리는 사무엘이 성직자로서의 청빈함과 순 결함을 백성들 앞에서 인정받고 살았음을 알 수 있습니다. 사무엘 은 이같이 자신은 정치와 이권에 초연한 삶을 살았지만, 그의 정치 적 영향력은 대단하였습니다. 그의 정치적 영향력은 왕을 세우기 도 하고 폐하기도 하는 정도였습니다. 저는 한국교회와 한국교회 성직자들이 지켜야 할 정치에 대한 입장을 이 사무엘의 경우에서 그 모범을 찾습니다. 교회 자체는 정치에 대해 초연한 입장을 지키 는 것이 합당합니다. 그러나 교회가 길러내고 뒷받침하는 평신도 들이 이 나라의 정치를 이끌어가는 지도자로 길러져야 한다는 것입니다. 그 점에서 다윗을 길러낸 사무엘은 오늘의 한국교회에 있어 가장 합당한 본보기가 되어야 합니다. 사무엘은 사울왕이 하나님 앞에서나 국민들 가운데서 신뢰를 잃고 있을 때에 어린 다윗을 차기 대권자로 선발하여 안수하였습니다. 바로 사무엘상 16장 13절의 말씀입니다.

"사무엘이 기름 뿔을 취하여 그 형제 중에서 그에게 부었더니 이날 이후로 다윗이 여호와의 신에게 크게 감동되니라."

다윗의 아둘람굴 사역

사무엘에게 기름부음 받음에서부터 시작된 다윗의 왕으로 가는 길은 대단히 험난하였습니다. 그는 심신이 지치고 암담할 때에는 사무엘 선지를 찾아가 지도를 받고 새 힘을 얻곤 하였습니다. 그러던 다윗이 사울에게 쫓기어 아둘람굴에 가서 숨었습니다. 다윗이 아둘람굴에 숨어있다는 소문이 퍼지자 온 나라에서 사람들이 모여들게 되었습니다. 사무엘상 22장 입니다.

"다윗이 그곳을 떠나 아둘람굴로 도망하매 그 형제와 아비의 온 집이 듣고는 그리로 내려가서 그에게 이르렀고 환난 당한 모든 자와 빚진 자와 마음이 원통한 자가 다 그에게로 모였고 그는 그 장관이 되었는데 그와 함께 한 자가 400명 가량이었더라"(삼상 22:1—2).

다윗이 아둘람굴에 숨어있다는 소문을 듣고 어려움에 빠진 자들이 모여들게 되었습니다. 죄짓고 도망온 자, 억울한 일 당한 자,

한을 품은 자들이 모여들었습니다. 그렇게 모인 사람들이 사백여 명이 되었고 다윗은 그들의 지도자가 되었습니다. 그렇게 모여든 사람들을 지도하여 나간다는 것은 심히 어려운 일입니다. 그들은 받은 상처가 많은 사람들이기 때문입니다. 상처를 많이 받은 사람은 자기 상처로 인하여 자기의 가까이에 있는 사람들에게 상처를 주기 쉬운 성격이 됩니다. 그렇기 때문에 상처 받은 사람들이 함께 모여 큰 뜻을 이루어가려면 뛰어난 지도력이 요청됩니다. 다윗이 위대하였던 점이 바로 이 점입니다. 다윗은 그렇게 모인 사백 명의 아둘람굴 가족으로부터 시작하여 위대한 다윗왕국을 창출하여 냈습니다. 후일에 다윗왕국의 일급 참모들이 된 자는 모두 그때의 아둘람굴 출신들이었습니다. 대제사장, 군대장관, 그리고 각 부서의 책임자들이 아둘람굴에 모여 들었던 때의 동지들이었습니다. 그리고 훗날 다윗의 아들 압살롬이 반역하여 다윗의 운명이 바람 앞의 등불 같이 된 시절에도 많은 사람들이 반역자의 편에 섰지만, 마지막까지 다윗을 호위하며 지킨 사람들이 아둘람굴에서부터 삶과 죽음을 함께 나눈 동지들이었습니다.

그렇다면 다윗이 그렇게 어려운 조건에서 왕국의 역사를 일으켜 세울 수 있었던 비결은 무엇이었겠습니까? 그 해답이 시편 57편의 서두에는, 이 시가 '다윗의 믹담 시로서 영장으로 알다스헷에 맞춘 노래'라고 표시되어 있고, '다윗이 사울을 피하여 굴에 있던 때에 씌어진 시'라고 적혀 있습니다. 여기서 영장으로 알다스헷에 맞춘다는 말은 당시 불려지던 어떤 노랫가락을 일컫는 것입니다. 우리 식으로 표현하자면 성가대 지휘자의 지휘에 따라 노들 강변 곡에 맞추어 부르라는 식의 뜻이 되겠습니다. 이 시편 57편에는 다윗과 아둘람굴에 숨었던 그의 사람들 사백 명이 그 답답한 굴 속에서 무엇을 기도하고 무슨 대화를 나누었는지, 그리고 어떤 꿈을 꾸었는가에 대한 내용이 들어있습니다.

오늘의 한국교회가 이 땅 한반도에서 기필코 이루어내야 할 사역이 있습니다. 바로 다윗의 아둘람굴의 사역입니다. 마치 다윗과 그의 사람들이 아둘람굴이란 고난의 자리에서 뜻을 일으키고 비전을 품어 이스라엘 역사를 일으켜 세웠듯이 한국교회는 우리 민족이 처한 이 고난의 삶의 자리에서 일어나 새 민족, 새 역사를 이 땅 위에 일으키는 사명을 받아야 합니다. 지금까지 우리 한국교회는 지나치게 교회당 안에만 머물러 있었습니다. 이제는 교회당 밖으로, 민족사의 한 가운데로 나서야 할 때가 되었습니다. 우리들은 교회당 안에서 위로부터 오는 은혜를 받는 일에만 열중하여 왔습니다. 이제는 그간에 받은 은혜를 가지고 교회 밖의 백성들의 삶을 변화시키는 일에 헌신하는 교회가 되어야겠습니다.

마태복음 25장 31절부터의 말씀에는 인자가 자기 영광으로 보좌에 앉으실 때, 모든 민족을 그 앞에 모으시고 양의 민족과 염소의 민족으로 분별하시겠다 하셨습니다. 그리하여 양의 민족은 오른편에, 염소의 민족은 왼편에 두시리라 하셨습니다. 주님께서 그때 이르시기를 양의 민족에게는 "복받을 자들이여 너희들을 위하여 예비된 나라를 상속하라"고 하시겠고 왼편에 있는 염소의 민족에게는 "저주를 받을 자들이여 너희들을 위하여 예비된 불에 들어가라"고 말씀하시겠다 하셨습니다. 그런데 양과 염소로 갈라지는 그 기준은 다른 것이 아닌 상처받은 자, 갇힌 자, 눌린 자들을 예수님의 이름으로 섬기는 일이라 하셨습니다.

한국교회는 이 땅의 눌린 자들을 섬기기 위해 아둘람굴에 모였던 사백 명의 무리들이 행하였던 그 사역을 오늘에 담당해야 합니다. 그래서 우리 민족 전체가 심판날에 오른편에 서는 양의 민족이 되게 하여야겠습니다. 만약 그렇지 못하여 우리 민족이 그날에 왼

편, 염소의 편에 서게 된다면, 우리 민족이 심판받게 되는 것만이
아니라 한국교회가 심판받게 되는 것이요, 한국교회 교인들 각자
각자가 심판받게 되는 것입니다. 그런 뜻에서 우리는 아둘람굴에
모였던 그들의 기도와 대화와 꿈과 비전이 무엇이었던지를 살펴야
겠습니다. 그리고 그것들을 오늘 우리들의 것으로 삼아야겠습니
다. 그래서 우리 성도들이 구원받고, 교회가 구원받고, 그리고 민
족전체가 구원받는 역사를 일으켜야겠습니다.

아둘람굴의 기도와 신앙

시편 57편에서 드러나는 아둘람굴에 모였던 무리들의 신앙과 기도
와 비전을 우리는 네 가지로 살펴볼 수 있습니다. 첫째는 1절에 담
긴 그들의 신앙입니다.

> "하나님이여 나를 긍휼히 여기시고 나를 긍휼히 여기소서 내 영
> 혼이 주께로 피하되 주의 날개 그늘 아래서 이 재앙이 지나가기까
> 지 피하리이다."

아둘람굴에는 마실 물이 부족하였던 것은 물론 먹을 양식도 구
하기가 어려웠습니다. 거기에다 집요하게 수색하고 있는 사울왕의
군대에 발견되면 그날로 떼죽음을 당하게 되는 처지였습니다. 그
러한 각박한 처지에서 아둘람굴에 모였던 다윗과 그의 동지 사백
여 명은 자기들이 처한 환경에 매여 살지 않았습니다. 그들은 그런
처지에서 오히려 여호와의 날개 그늘 아래 피하고 있다고 했습니
다. 깊은 신앙의 경지에서 우러나온 신앙고백이었습니다. 그들은
그들이 처한 각박한 현실에서 오히려 그들의 영혼이 여호와의 품
에 피하여 있다고 했습니다.

이런 사람을 영적인 사람이라 부르고, 이런 영적인 사람들이 모였을 때의 그 모임을 신령한 무리라고 합니다. 그리고 은혜의 공동체라 합니다. 그들이 아둘람굴에 모여들었을 때는 세상에서 쌓인 한과 설움을 안고 모였었지만, 그들은 아둘람굴에서 다윗의 지도력 밑에 변화되어갔습니다. 그리고 자기들이 찾아든 그 동굴이 바로 여호와의 은혜의 날개 아래라는 신앙고백에 이르기까지 되었습니다. 아둘람굴에 모였던 사백 명에 이르는 무리들의 두번째 신앙 모습은 2절에서 살필 수 있습니다.

"내가 지극히 높으신 하나님께 부르짖음이여 곧 나를 위하여 모든 것을 이루시는 하나님께로다."

다윗과 그의 동지들은 아둘람굴의 절박한 처지에 머물면서 사람을 원망하거나 사람들에게 의지하지 않았습니다. 그리고 사람들에게 매이지 않았습니다. 그들은 오로지 살아계신 여호와께 부르짖었습니다. 그들은 여호와께서 그들을 통하여 여호와의 일을 그 시대 그 땅에서 이루실 것을 확신하였습니다. 그들은 그들을 제거하려 하는 사울에게서 벗어났습니다. 사울을 염두에 두지 않았습니다. 그들은 하나님 앞에서 살았습니다. 하나님께서 자기들을 사용하셔서 하나님의 일을 이루실 것을 확신한지라 사람에게 매이지 않을 수 있었습니다. 오늘을 살아가는 우리들이 꼭 명심하고 본받아야 할 신앙의 자세입니다. 우리들은 날마다의 삶에서 너무 사람에게 매여 살아가고 있습니다. 사람들이 우리에게 가하는 조건에 매여, 우리를 쓰시는 여호와를 바라보지 못하고 있습니다. 이제 우리의 눈을 사람들에게서 여호와께로 돌려야 하겠습니다. 역대하 16장 9절에 귀한 말씀이 있습니다.

"여호와의 눈은 온 땅을 두루 감찰하사 전심으로 자기에게 향하
는 자를 위하여 능력을 베푸시나니 …"

다윗의 시대에 그렇게 하였던 것처럼 여호와께서는 지금도 온
땅을 샅샅이 살피시며, 여호와만 전심전력으로 바라보는 자를 찾
고 계십니다. 그래서 그들에게 이 세상을 변화시켜 나갈 능력을 맡
기십니다. 마치 아둘람굴에 있던 사백 명의 무리들에게 그렇게 하
셨던 것처럼, 오늘 이 한국 땅에서 여호와만 바라보며 살아가는 무
리들을 찾고 계십니다. 세상이 아무리 흔들리고 부패하고, 악한 무
리들이 기를 펴고 날뛸지라도 역사의 결국은 여호와께서 능력을
맡기신 무리들이 이끌어나가게 될 것입니다. 아둘람굴에 모였던
그들에게서 우리가 배워야 할 신앙의 세번째 모범은 시편 57편 9절
에 있습니다.

"주여 내가 만민 중에서 주께 감사하오며 열방 중에서 주를 찬송
하리이다."

아둘람굴에 몸을 숨기고 살았던 그들은 그 어려운 처지에서 탄
식하거나 낙심하지 않았습니다. 그들은 오히려 감사와 찬송의 세
월을 지냈습니다. 이것이 바로 여호와께 쓰임 받는 사람들의 특징
입니다. 여호와의 사람들은 어떤 처지, 어떤 조건에서도 감사와 찬
송으로 살아갈 수 있습니다. 그것이 바로 성령을 받은 사람들의 특
권이자 자랑이기 때문입니다.

새벽을 깨우리로다
그들이 그 어려움 중에서 그렇게 품위있는 삶을 살아갈 수 있었던 비

결이 무엇이었겠습니까? 그 비결은 바로 그들에게 남다른 비전이 있었기 때문입니다. 어떤 비전이겠습니까? 57편 7절과 8절에 그들이 지녔던 비전의 핵심이 나타나 있습니다.

"하나님이여 내 마음이 확정되었고 내 마음이 확정되었사오니 내가 노래하고 내가 찬송하리이다 내 영광아 깰지어다 비파야 수금아 깰지어다 내가 새벽을 깨우리로다."

다윗과 그의 동지들은 이스라엘 역사의 어두웠던 시절을 함께 살아가면서 남다른 비전을 가지게 되었습니다. 그래서 그 비전을 성취하는 데에 그들의 인생을 걸었습니다. 그들이 그 비전을 이루는 일에 헌신하였을 때 그들은 패잔병과 같았던 처지에서 변화되었습니다. 새 역사를 창조하는 성전의 전사로 바뀌었습니다. 그들의 비전 때문에 그들은 위대해졌습니다. 바로 새벽을 깨우는 비전이었습니다. 암울한 민족의 현실에 새벽의 역사를 창출하여 가는 비전이었습니다. 이제 한국의 크리스천들이 일어설 때가 되었습니다. 한반도에 새벽을 깨우는 일에 나설 때가 되었습니다. 이 땅에 아둘람굴의 사역을 일으키는 일에 힘을 합할 때가 되었습니다. 그것이 예수님께서 주시는 시대적인 사명입니다.

영적 지도력

새 시대의 지도자 '상승장군 여호수아'

이 글은 여호수아서 1장 1절에서부터 시작하겠습니다.

> "여호와의 종 모세가 죽은 후에 여호와께서 모세의 시종 눈의 아
> 들 여호수아에게 일러 가라사대."

성경을 묵상하는 분들에게는 상식적인 이야기입니다만 언급하고
넘어갈 필요가 있겠습니다. 우리가 성경을 읽으며 위에 적은 여호
수아 1장 1절과 같은 말씀을 그냥 읽고 지나쳐버린다면 성경을 읽
는 눈이 아직 미숙하다고 하겠습니다. 왜냐하면 모세가 죽고 여호
수아가 그 다음의 지도자로 등장하게 되었다는 본문의 말씀이 단
순히 한 지도자가 등장하였다는데 끝나는 것이 아니라 한 시대가
가고 새로운 시대가 열렸다는 깊은 뜻을 포함하고 있기 때문입니
다. 한 시대가 가고 새로운 시대가 들어서는 시기를 우리는 과도기
라 부릅니다. 그러한 과도기를 어떻게 맞고 보내느냐에 따라 그 공
동체의 운명이 결정되는 것입니다. 이스라엘 백성들에게 있어 모

세가 죽고 모세의 시종으로 있었던 여호수아가 등장하였다는 것은 민족의 장래를 결정하는 중대한 과도기를 맞이하였다는 말이 됩니다. 그러한 과도기에 처하여 여호와께서는 여호수아에게 지도력의 기본에 대하여 말씀하셨습니다. 바로 여호수아서 1장에 나타나는 영적 지도력의 다섯 가지 조건입니다. 여호수아는 현명하게도 여호수아서 1장에 나타난 다섯 가지 지도력의 조건을 성실히 지켰습니다. 그리하여 그는 '상승장군 여호수아'란 별명을 듣게까지 되었습니다.

그는 가나안 땅에 이스라엘 백성들을 인도하여 들어간 후 33번의 대전투를 치렀습니다. 그의 지도력 아래 치러졌던 그 숱한 전투에서 그는 전승하였습니다. 단, 아이성의 전투에서 한번 패전하였습니다. 그러나 패전은 그의 탓이 아니라 아간이란 참모의 탐욕으로 인한 패전이었습니다. 모세의 시종에 불과하였던 여호수아가 그렇게 승리에 승리를 거듭할 수 있었던 비결이 어디에 있었겠습니까? 바로 여호수아서 1장에 나타나는 지도력의 조건들을 그가 충실히 지켰기 때문이었습니다. 이제 여호수아서 1장에서 여호와께서 여호수아에게 말씀하신 영적 지도력의 다섯 가지 조건을 하나씩 살펴보기로 하겠습니다.

백성과 함께 가는 민주적인 지도자

그 첫째는 1장 2절에 나타납니다.

"내 종 모세가 죽었으니 이제 너는 이 모든 백성으로 더불어 일어나 이 요단을 건너 내가 그들 곧 이스라엘 자손에게 주는 땅으로 가라."

　모세가 죽은 후 그의 시종으로 있었던 여호수아에게 여호와께서 맡기신 지도력의 첫째는 '백성으로 더불어 일어나'란 말씀에 그 특성이 들어있습니다. '백성으로 더불어 요단강을 건너라'는 말씀에 여호수아 지도력의 민주적이고 공동체적인 특성이 포함되어 있는 것입니다. 모세의 지도력은 카리스마적인 지도력이었습니다. 그러나 여호수아가 모세의 흉내를 내어서는 따를 사람이 없었을 것입니다. 만약에 여호수아가 백성들 앞에 나타나 모세처럼 '나를 따르라'고 하였다면 이스라엘 백성들은 아마 웃었을 것입니다. "저 청년이 누군가. 모세의 비서였던 여호수아란 자가 아닌가. 저 청년이 왜 갑자기 모세처럼 행세하려 들지"하며 따르는 자가 없었을 것입니다. 여호와께서는 그런 사정을 다 살피시고 여호수아의 지도력을 모세의 경우와는 달리 그의 지도력이 백성들 속에서 우러나오는 지도력, 즉 민중 속에서 민중과 더불어 우러나는 지도력을 가지라고 말씀하셨습니다.

　새로운 시대에는 새로운 지도력이 요청됩니다. 새 시대에 구태의연한 옛 시대의 지도력으로 군림하려는 지도자는 백성들의 배척을 받게 되고 아무것도 이룰 수 없게 될 것입니다. 모세의 경우는 40년의 세월을 백성들 앞에 권위로써 임하였던 카리스마적인 지도자였습니다. 모세가 한 번 백성들 앞에 나타나면 온 백성들이 존경심을 가지고 모세의 권위에 순복하였습니다. 그러나 그 모세는 가고 새 시대가 온 것입니다. 새로운 시대에 부응하는 여호수아의 지도력은 백성들 속에서 백성들과 더불어 삶을 같이 하면서 그 속에서 일체감을 이루어나가는 지도력이어야 했습니다. 여호수아는 실제로 그렇게 살았습니다. 그렇게 살아서 지도력을 발휘함에 성공하였던 지도자였습니다.

하나님의 역사는 발바닥 공동체로부터

여호수아의 지도력의 두번째 조건은 여호수아 1장 3절에 나타납니다.

> "내가 모세에게 말한 바와 같이 무릇 너희 발바닥으로 밟는 곳을
> 내가 다 너희에게 주었노니."

가나안 땅에 들어가는 이스라엘 백성들에게 허락하시는 땅의 넓이를 말하고 있는 본문말씀입니다. 여호와께서는 여호수아와 그의 백성들에게 허락하시는 땅의 경계선을 말씀하시기를 백성들이 발바닥으로 밟는 곳만큼을 주시겠다고 하셨습니다. 이스라엘에 주어지는 땅의 경계선은 하나님이 먼저 결정하여 주시는 것이 아니라 백성들이 발바닥으로 밟아나가는 만큼을 허락하신다는 것입니다. 백성들이 용기를 가지고 넓게 밟으면 넓은 땅을 주실 것이요, 위축되어 좁게 밟으면 좁은 국토를 주실 것입니다.

이 말씀은 오늘의 우리에게도 적용되는 말씀입니다. 우리들이 확신을 가지고 발바닥으로 밟는 만큼이 우리들의 땅이 됩니다. 그래서 발바닥이 중요합니다. 머리가 중요한 것이 아니라 발바닥이 더 중요합니다. 한 사회의 발바닥이 어디입니까? 농민, 노동자, 빈민들입니다. 민중입니다. 우리의 국력은 민중의 수준만큼 올라갑니다. 요즘 우리 사회는 너무 엘리트 지향적입니다. 정치 엘리트,군부 엘리트, 경제 엘리트들이 나라를 좌지우지하려 합니다. 바닥에서 살아가는 민중들은 민족발전에 동참할 기회가 주어져 있지를 못합니다. 이런 상태가 개선되어가지 못한다면 이 땅의 역사는 가나안 땅의 역사가 아닌 애굽 땅의 역사로 변질되어갈 것입니다. 하나님께서 우리에게 허락하실 땅은 민중들이 발바닥으로 밟은 만

큼의 역사를 허락하시겠다는 약속입니다.

저는 남양만 근교지에서 두레마을이란 공동체를 세워 함께 소유하고 함께 일하며 살아가는 공동체 생활을 하고 있습니다. 두레마을 공동체가 세워진 땅은 봉화산이란 이름의 산입니다. 그 산 이름이 봉화산(烽火山)이 된 것은 조상 때부터 서해안에 왜적이 쳐들어오면 적의 내습을 알리는 봉화불을 올렸던 데서 봉화산이란 이름이 붙여졌습니다. 먼 삼국시대부터 적이 나타나면 낮에는 구름기둥으로 밤에는 불기둥으로 봉화를 올렸었습니다. 그러나 지금은 봉화불은 꺼지고 산 이름만 봉화산으로 남아 있습니다.

저는 십년 전부터 그 봉화산을 올라가 터를 잡고 기도하기 시작하였습니다. "하나님, 이 봉화산을 주십시오. 이 산에서 한국 농촌도 희망이 있다는 성령의 봉화를 올리는 마을을 세우겠습니다. 하나님, 옛 조상들이 땅을 지키기 위해 낮에는 구름기둥으로 밤에는 불기둥으로 봉화를 올렸던 이 산을 저희들에게 주시옵소서. 이 산에 공동체 마을을 세우고 은혜의 구름기둥으로 성령의 불기둥으로 봉화를 올려야겠습니다"라고 기도하기 시작하였습니다. 그리고 틈나는대로 봉화산의 경계선을 찬찬히 밟았습니다. 발바닥으로 밟으며 이 산을 주시라고 기도드렸습니다. 7년 만에 봉화산을 얻었습니다. 발바닥으로 그 땅의 경계선을 밟은 지 7년 만에 응답을 받은 것입니다. 그래서 그 산에 두레마을이 세워졌습니다.

지금 이 글을 읽는 여러분께서도 탐나는 땅이 있으시면 먼저 발바닥으로 밟으시기 바랍니다. 여호수아서 1장 3절의 말씀 "무릇 너희 발바닥으로 밟는 곳을 내가 다 너희에게 주노라"는 말씀을 자기에게 주시는 말씀으로 확신하고 밟으시기 바랍니다. 발바닥으로 땅을 밟아나가려면 먼저 발바닥이 튼튼하여야 합니다. 병든 발바닥으로는 땅을 밟을 수 없습니다. 건강한 발바닥이라야 땅을 밟아 땅을 차지할 수 있습니다. 그런 뜻에서 민중이 튼튼해야 합니다. 노동자, 농민, 서민들이 건강해야 땅이 건강합니다. 그들을 무엇으로 건강하게 하겠습니까? 살아있고 운동력있는 말씀(히 4:12)으로 하여야 합니다. 하나님의 감동으로 된 성경으로 민중들의 혼을 새롭게 해야 합니다.

"모든 성경은 하나님의 감동으로 된 것으로 교훈과 책망과 바르게 함과 의로 교육하기에 유익하니"(딤후 3:16).

하나님의 말씀으로 백성들을 교육하여 건강한 발바닥이 되게 하여야 합니다. 그래서 우리들 발바닥으로 밟아 우리 땅이 되게 함으로써 민족의 터전을 넓혀나가야 합니다.

강하고 담대하라

여호수아서 1장에 나타난 영적 지도력의 세번째는 1장 6절에 나타납니다.

"마음을 강하게 하라 담대히 하라 너는 이 백성으로 내가 그 조상에게 맹세하여 주리라 한 땅을 얻게 하리라."

여호수아는 모세의 시종이었습니다. 이 사실은 그가 스스로 위축되게 하는 조건이 되었을 수도 있을 것입니다. 그는 생각하기를 '내가 감히 백성들을 가나안 땅으로 인도하는 일에 지도자가 될 수 있을까? 위대했던 스승 모세도 감당치 못하였던 일이었는데 감히 나 같은 사람이 감당하여 낼 수가 있을까?' 갈등할 수 있었을 것입니다.

그런 여호수아의 마음을 살피시고 여호와께서는 "강하라, 담대하라"고 말씀하셨습니다. 그리고 여호와께서는 그가 강하고 용기 있는 지도자가 될 수 있는 이유로서 말씀하시기를 "너의 평생에 너를 능히 당할 자 없으리니 내가 모세와 함께 있던 것 같이 너와 함께 있을 것임이라. 내가 너를 떠나지 아니하며 버리지 아니하리라"(수 1:5)고 하였습니다. 모세와 함께 하셨던 하나님이 함께 하시겠다는 약속, 그것이 여호수아로 담대할 수 있는 조건이었고 그리고 오늘의 우리들에게도 그대로 적용되어질 약속입니다.

그때나 지금이나 지도자에게 요청되는 자질은 확신과 용기입니다. 하나님이 '함께 하신다'는 확신과 그 확신 속에서 어떤 어려움도 돌파하여 나가겠다는 용기는 지도자가 갖추어야 할 자질의 핵심일 것입니다. 하나님은 여호수아에게 조상 때로부터 약속하신 가나안 땅에 들어가 그 땅에서 새 역사, 새 민족을 이루어나감에 있어 강하고 담대함으로 일하라 하신 것입니다. 이 말씀이 오늘 한반도를 살아가는 우리들에게 필요한 것은 우리들이 이 땅에서 오천 년의 설움과 한을 씻어 이 땅에 새 역사를 펼쳐나가려면 그리스도인들이 강하고 담대하여야 이 큰 일을 감당하여 나갈 수 있을 것이기 때문입니다.

그래서 우리는 여호수아서 1장을 읽으면서 1장에서만도 "강하라, 담대하라"는 말씀을 네 번이나 반복하여 말씀하셨음을 기억하고, 그렇게 네 번이나 거듭 말씀하신 하나님의 뜻을 헤아릴 수 있어야겠습니다.

좌도 우도 아닌 말씀의 능력으로

여호수아서 1장에 나타난 영적 지도력의 네째는 7절에 나타납니다.

"좌로나 우로나 치우치지 말라 그리하면 어디로 가든지 형통하
리니."

어느 시대, 어느 집단에서나 언제나 요청되어지는 지도력의 핵
심 중의 하나가 치우침이 없는 지도력입니다. 만일에 지도자가 좌
로나 혹은 우로 치우치게 된다면 그를 따르는 백성들에게 큰 재난
을 가져다 줄 것입니다. 그래서 성경에서는 이스라엘 역사의 중요
한 시기를 맞을 때마다 새로운 지도자를 내시고 그 지도자에게 반
드시 이르시기를 "좌로나 우로나 치우치지 말라"하셨습니다.
　불행하지만 우리 조국의 땅에는 좌우에 치우치는 지도력이 행세
하여 왔습니다. 해방 이후 지금까지 50년이 가까운 세월에 남쪽은
우로 치우치는 지도자들이 다스려 왔습니다. 북쪽은 좌로 치우치
는 세력들이 다스려 왔습니다. 우로 치우치는 세력을 우리는 자본
주의라 부릅니다. 좌로 치우치는 세력은 공산주의라 부릅니다. 남
도 북도 치우치는 자들이 다스려오는 동안에 우리 민족은 남북간
에 백성들이 당하고 상처받아왔습니다. 이제는 새로운 지도력이
나타나야 할 때입니다. 새로운 지도력, 곧 영적 지도력이 등장하여
야 할 때입니다. 바로 여호수아에게 말씀하신 지도력, 곧 우로나 좌
로나 치우침이 없는 지도력입니다. 자본주의도 아닌, 공산주의도
아닌 말씀주의입니다. 사도행전 19장 20절의 말씀과 같이 "주의
말씀이 힘이 있어 흥왕하여 세력을 얻게 되는" 영적 지도력입니다.

오직 여호와만을 섬기며

여호수아서 1장에 나타나는 영적 지도력의 다섯번째는 8절에서 찾
을 수 있겠습니다.

"이 율법 책을 네 입에서 떠나지 말게 하여 주야로 그것을 묵상하여 그 가운데 기록한 대로 다 지켜 행하라 그리하면 네 길이 평탄하게 될 것이라 네가 형통하리라."

율법책 곧 하나님의 말씀을 입에서 떠나지 않게 하고 밤낮으로 묵상하며 지켜 행하는 것이 참된 지도자의 기본이라는 것입니다. 그렇게 살아갈 때에 지도자의 나가는 길이 평탄하게 될 것이요, 그의 지도력이 형통하게 된다는 약속의 말씀입니다. 인간은 그 본성상 변질되게 마련입니다. 그리고 치우치게 되기 마련입니다.

세월이 흐르면서 변질되지 않고 치우치지 않을 수 있는 일은 한 가지, 율법책을 삶의 기준으로 확실하게 세우는 방법입니다. 세상적인 가치나 기준에 한눈 팔지 않고 말씀을 밤낮으로 묵상하는 것입니다. 그리고 성경의 진리대로 행하고 살아가는 길입니다. 여호수아는 그렇게 살았습니다. 그는 율법책이 그의 지도력의 기준이 되는 삶을 살았으므로 그의 지도력이 형통함에 이르게 되었습니다. 그리하여 그는 '상승장군 여호수아'란 이름을 듣게까지 되었습니다. 여호수아는 세월이 흐른 뒤 가나안 땅에서 백성들에게 말할 수 있었습니다. 그 말은 여호수아가 어떻게 살았느냐에 대한 증거입니다.

"만일 여호와를 섬기는 것이 너희에게 좋지 않게 보이거든 너희 열조가 강 저편에서 섬기던 신이든지 혹 너희의 거하는 땅 아모리 사람의 신이든지 너희 섬길 자를 오늘날 택하라 오직 나와 내 집은 여호와를 섬기겠노라"(수 24:15).

위의 말은 여호수아가 노년에 이르러 지도자로서의 자기의 사역을 마치게 된 즈음에 한 말입니다. 그의 신앙고백이 깃들어있는 말이요, 그가 살아온 세월의 내용을 말해주는 말이기도 합니다. 그는 백성들에게 확신을 지니고 말했습니다. "각자가 자기의 섬길 신을 택하라 오직 나와 내 집은 여호와를 섬기겠노라."

바로 오늘을 살아가는 우리들에게 도전하여 오는 말입니다. 우리 삶의 조건이 어떠하든지 오직 여호와만 섬기겠다는 결단과 확신이 있는 자들이 이 땅에서 지도력을 지녀야겠습니다. 그러한 영적 지도자들이 이 땅의 역사를 새롭게 할 것입니다. 그래서 새 백성이 새 민족을 이루어나가게 될 것입니다.

강성기조는 나라를 망칩니다

위정자들이여 성경에서 배우라

저는 지난번에 일본을 다녀왔습니다. 제가 일본에 체류 중인 때에 한국에서 정원식 총리에게 외국어대 학생들이 폭력을 행사하는 사건이 일어났었습니다. 일본언론에서는 이 사건을 크게 보도하면서 한국의 현 정치정세에 대하여 논평을 가하고 있었습니다. 한국의 현 정세에 관한 일본측 논평의 핵심은 노태우 대통령이 이끄는 정부가 집권 후반에 들어 흔들리는 것은 국민들이 원하는 수준 만큼의 정치적 개혁이 뒤따르지 못하여 그렇다는 것과 정원식 총리에게 학생들이 가한 행동은 도덕성을 상실한 행동이었기에 그 결과로 중산층이 반정부 세력에 등을 돌릴 것이라는 예측이었습니다. 이러한 일본측의 예측은 사실로 맞아들어가는 것 같습니다.

귀국하여 보니 고려대 학생들이 교문 앞에서 시위를 하는데 인근 주민들 수백 명이 강경하게 저지하여 데모대가 교문 안으로 들어갈 수밖에 없었다는 것입니다. 그리고 매스컴에서는 연일 학생운동의 과격성을 규탄하고 있습니다. 그런데 문제는 이런 분위기를 기회로 삼아 정부측이 고칠 것은 고치지 않고, 과거부터 잘못되어오던 것을 지키는 일에 강경책을 계속 펴나간다면 우리 국민 전체로서는 큰 불행이라 하겠습니다. 모든 사건에는 이른바 근본원인이란 것이 있습니다. 그래서 그 사건을 해결함에 있어 근본원인을 해결하려 하지 않고 결과만을 놓고 시시비비를 따져 보았자 아무런 유익이 없이 혼란만 계속되어질 것입니다.

그런 뜻에서 요즘 이 나라에서 일어나고 있는 혼란의 근본원인이 무엇이겠습니까? 그것은 앞에서 일본언론에서의 지적을 소개했던 바와 같이 6공화국에 들어와 국민들이 바라는 수준 만큼의 정치개혁을 이루어나가지 않은 데서 오는 혼란일 것입니다. 그래서 원인은 정치개혁을 펴나가지 않은 것이고, 혼란은 그 결과일 것입니다. 그런데 원인은 덮어두고 강경책으로 혼란만 다스려나가겠다는 것은 더 큰 혼란을 가져올 원인을 만들어나가는 것이 될 수도 있습니다. 이런 현실에 실망하여 노 대통령과 그의 막료들이 애초에 한 나라를 이끌어나갈 통치능력이 없는 분들이 아니냐고 말하는 분들도 있습니다. 그래서 일부에서는 노 정권의 퇴진을 요구하는 분들도 있습니다. 그러나 정권퇴진이란 안될 말입니다. 이제 임기가 얼마 안 남은 때에 정권이 퇴진하게 되면 거기서 오는 혼란은 현재의 혼란보다 훨씬 커질 것입니다. 그래서 바람직한 대안은 지금부터 준비하여 다음에 대통령을 뽑을 때는 제대로 된 사람을 뽑을 준비를 하는 일이라 하겠습니다.

6공화국이 이렇게 흔들리게 된 원인을 저는 잘못된 정책 때문이라 판단합니다. 소위 강성기조라 불려지는 강경정책 때문이라는 것입니다. '강경대처', '엄중처벌', '원천봉쇄' 이런 말들은 지난 5공화국 때에 진절머리나게 들은 말들인데, 이제 6공화국이 다시 그런 식으로 나라를 다스려나가겠다는 것이 애당초 잘못된 발상이라는 것입니다. 저는 현 정권을 이끌어나가는 주역들이 여·야 간에 성경에서 정치의 원리를 배우게 되기를 바라고 있습니다. 설사 성경을 읽고 믿어 구원함에 이르는 일에는 관심이 없다손 치더라도, 맡은 기간 동안에 정치를 제대로 풀어나가기 위해서라도 성경 읽기를 권하고 싶은 것입니다.   성경 열왕기상 12장에서 오늘의 한국정치가 이렇게 꼬이게 된 원인을 살펴볼 수 있습니다. 그리고 오늘의 난국을 풀어나갈 처방도 드러납니다.

솔로몬왕의 변질과 원로들의 지혜

때는 솔로몬왕이 죽고 나서입니다. 우리들은 솔로몬왕을 지혜로웠던 왕으로 알고 있지만, 성경에 드러나는 바 실제의 솔로몬왕은 그렇지를 못합니다. 솔로몬왕이 지혜로웠던 것은 그의 집권초기의 이야기입니다. 솔로몬왕의 그의 40년의 집권 중반기를 넘어서면서 어리석은 왕으로 변질되어갔습니다. 열왕기상 11장 9절 말씀에 솔로몬왕이 잘못되게 된 원인을 말하고 있습니다.

"솔로몬이 마음을 돌이켜 이스라엘 하나님을 떠나므로 여호와께서 저에게 진노하시니라."

솔로몬왕이 변질되게 된 것은 그의 마음이 하나님을 떠나게 되었기 때문이라는 것입니다. 솔로몬은 그의 초기의 지혜로웠던 왕에서 서서히 변질되어 어리석은 정치를 펴나가게 되었습니다. 지나친 토목공사, 중과세, 강제노동, 종교혼합정책 그리고 계층간의 분열, 이런 일들이 솔로몬 후반부의 특징이었습니다. 이런 악재를 남겨놓고 솔로몬왕은 죽었습니다. 그의 후계자로 아들 르호보암이 등장하였습니다. 르호보암이 권좌에 오르기 전, 백성들이 대표를 뽑아 르호보암에게 진정을 하였습니다. 그때의 내용인즉, 전 왕 솔

로몬 때의 강경정책을 온건정책으로 바꾸어줄 것을 요청하는 진정
이었습니다. 그때의 백성들이 내세운 대표들 중에는 솔로몬왕 통
치기간 이래의 노동운동의 지도자 여로보암도 들어있었습니다. 여
로보암은 억압받는 민중세력의 대변인 격이 되는 인물이었습니다.
그들이 르호보암에게 건의한 내용이 열왕기상 12장 4절에 나타납
니다.

　　"왕의 부친이 우리의 멍에를 무겁게 하였으나 왕은 이제 왕의 부
　　친이 우리에게 시킨 고역과 메운 무거운 멍에를 가볍게 하소서
　　그리하시면 우리가 왕을 섬기겠나이다."

　　본문에 나타난 바와 같이 처음 백성들의 대표가 르호보암에게
진정할 때의 내용은 퍽 온건하고 합리적이었습니다. 이때 르호보
암이 백성들의 건의를 순리로 받아들였으면 결과는 잘못되지 않았
을 것입니다. 그러나 르호보암이 어리석었습니다. 그는 사태를 온
건하게 합리적으로 풀어나가려 하지 않고 강경일변도로 나감으로
써 민족 분단의 자리에까지 나가고 말았습니다. 바로 강경정책, 강
성기조가 불러온 비극이었습니다. 오늘 한국의 정치를 이끌어나가
는 분들이 이러한 역사에서 오늘을 바로 이끌어나갈 지혜를 얻어
야 하겠습니다. 다시 열왕기상 12장의 본문으로 되돌아가 봅시다.
백성들의 진정에 대하여 르호보암이 말했습니다.

　　"르호보암이 대답하되 갔다가 삼일 후에 다시 내게로 오라 하매
　　백성이 가니라"(왕상 12:5).

　　백성들의 진정에 대답하기 전에 3일 간의 말미를 얻은 르호보암

은 먼저 부왕 때부터의 원로 보좌관들에게 자문을 구하였습니다.

"르호보암왕이 그 부친 솔로몬의 생전에 그 앞에 모셨던 노인들과 의논하여 가로되, 너희는 어떻게 교도하여 이 백성에게 대답하게 하겠느뇨"(왕상 12:6).

이와같이 르호보암이 원로 보좌관들에게 자문을 구하자 원로들은 참으로 지혜로운 정책을 건의하였습니다. 그들이 건의하였던 내용이야말로 바른 해결의 핵심을 제시하는 정책이었습니다. 르호보암이 그때 그들 원로들의 건의를 받아들여 실시하였더라면, 그의 정권은 순탄한 기틀을 닦아갔을 것입니다. 그러나 르호보암은 어리석었습니다. 먼저 노인 보좌관들이 건의하였던 정책을 살펴봅시다.

"대답하여 가로되 왕이 만일 오늘날 이 백성의 종이 되어 저희를 섬기고 좋은 말로 대답하여 이르시면 저희가 영영히 왕의 종이 되리이다 하나"(왕상 12:7).

노인 보좌관들이 르호보암에게 제시하였던 정책은 참으로 훌륭한 내용이었습니다. 어느 시대에나 적용되는 통치의 근본이라 하겠습니다. 이들이 건의한 내용이야말로 바로 예수님께서 하신 말씀과 맥을 같이 합니다.

"예수께서 불러다가 이르시되 이방인의 소위 집권자들이 저희를 임의로 주관하고 그 대인들이 저희에게 권세를 부리는 줄을 너희가 알거니와 너희 중에는 그렇지 아니하니 너희 중에 누구든

지 크고자 하는 자는 너희를 섬기는 자가 되고 너희 중에 누구든
지 으뜸이 되고자 하는 자는 모든 사람의 종이 되어야 하리라 인
자의 온 것은 섬김을 받으려 함이 아니라 도리어 섬기려 하고 자
기 목숨을 많은 사람의 대속물로 주려 함이니라"(막 10:42-45).

르호보암의 원로 보좌관들이 건의하였던 정책이 바로 위에서 인
용한 예수님의 말씀과 일치합니다. 다스리는 자의 기본은 백성을
섬기는 자가 되는 것이고, 백성들의 종이 됨으로써 진정한 지도력
을 발휘하라는 것입니다. 그리고 백성들에게 강경한 말로, 강성기
조로 군림함이 아니라 좋은 말로 부드러움으로 대하라는 것입니
다. 그러한 마음가짐이 혼란한 시대에 민심을 안정시켜 나라를 다
스려 나가는 기본이 될 것입니다.

르호보암왕의 공안통치와 민족분열의 비극

열왕기상 12장에 나타나는 이스라엘의 비극은 어리석은 왕이 원로
정치가들의 지혜로운 정책건의를 묵살하고 젊은 보좌관들의 강성
정책을 받아들였다는 데 있었습니다. 르호보암과 어린 시절부터
함께 자라났던 젊은 보좌관들은 르호보암왕에게 다음과 같이 건의
하였습니다.

"함께 자라난 소년들이 왕께 고하여 가로되 이 백성들이 왕께 고
하기를 왕의 부친이 우리의 멍에를 무겁게 하였으나 왕은 우리
를 위하여 가볍게 하라 하였은즉 왕은 대답하기를 나의 새끼손
가락이 내 부친의 허리보다 굵으니 내 부친이 너희로 무거운 멍
에를 메게 하였으나 이제 나는 너희의 멍에를 더욱 무겁게 할지
라 내 부친은 채찍으로 너희를 징치하였으나 나는 전갈로 너희

를 징치하리라 하소서”(왕상 12:10—11).

　　르호보암에 대한 소년 보좌관들의 정책건의는 강경정책을 쓰자는 것이었습니다. 솔로몬왕 시대의 억압정책보다 훨씬 더 가혹한 정책으로 백성들의 불만을 다스리자는 것이었습니다. 본문 성경에서 르호보암과 소년 시절부터 함께 자라난 보좌관들이란 말은 요즘 식으로 표현하자면 바로 육사 11기란 말입니다. 경북고등학교 동기생들이란 말과 같다 하겠습니다. 그래서 소년 보좌관들이 건의했던 정책을 지금의 한국실정에 따라 해석하자면, 노 대통령을 보좌하고 있는 육사 11기 출신들과 TK출신 보좌관들이 시국에 대처하는 정책을 대통령에게 건의하기를, 5공화국 때보다 훨씬 더 강력한 통치력을 발휘하여 민심을 수습하고 좌익세력을 발본색원하자는 말과 같습니다. 이들은 이른바 공안파라 불려 현금의 공안정국을 이끌어나가는 사람들이라 하겠습니다.

　　이들과는 반대로 “5공화국 시절의 강압정책으로 민심이 이반하고 통치력의 기반이 흔들렸으니, 새 시대를 맞은 6공화국에서는 온건 개혁정책으로 정국을 풀어나갑시다. 다소 혼란스러워도 그것만이 함께 살아나갈 길입니다”라고 건의하는 사람들은 온건 개혁파라 하겠습니다. 이스라엘의 비극이 르호보암왕이 온건한 노인 보좌관들의 건의를 따르지 않고 소년 보좌관들의 강경대처의 건의를 따랐던 것이었듯이, 지금 6공화국의 혼란은 노대통령이 온건 개혁파들의 주장에 귀를 기울이지 않고 공안통치파들의 주장에 나라를 맡기고 있는 데서 오는 것이라 하겠습니다. 르호보암왕이 노인 보좌관들과 소년 보좌관들의 서로 상충되는 건의에 대하여 어느 쪽을 채택하였는지는 12장 13절에 나타나 있습니다.

"왕이 포학한 말로 백성에게 대답할새 노인의 교도를 버리고 소
년의 가르침을 좇아 저희에게 고하여 가로되 내 부친은 너희의
멍에를 무겁게 하였으나 나는 너희의 멍에를 더욱 무겁게 할지
라 내 부친은 채찍으로 너희를 징치하였으나 나는 전갈로 너희
를 징치하리라 하니라"(왕상 12:13-14).

르호보암왕이 이와 같은 강성기조를 발표하자 민심은 금새 이반
되기 시작하였습니다. 부왕 솔로몬 때로부터 흔들리기 시작하였던
민심이 솔로몬 사후 그의 아들 대에 가서는 개혁이 있게 되기를 기
대하였으나 르호보암 대에 가서 더욱 강경한 대처로 임하겠다는
말을 듣자 민심은 결정적으로 흔들리게 되었습니다. 국론은 분열
되고 결국은 민족분단의 비극에까지 치닫게 되었습니다. 르호보암
왕의 어리석은 대처에 대한 백성들의 반응은 다음과 같습니다.

"온 이스라엘이 자기들의 말을 왕이 듣지 아니함을 보고 왕에게
대답하여 가로되 우리가 다윗과 무슨 관계가 있느뇨 이새의 아
들에게서 업이 없도다 이스라엘아 너희의 장막으로 돌아가라 다
윗이여 이제 너는 네 집이나 돌아보라 하고 이스라엘이 그 장막
으로 돌아가니라"(왕상 12:16).

백성들은 솔로몬왕 때에 강압정치를 온건정치로 풀어달라는 진
정이 르호보암왕으로부터 거절당하자 오랫동안 쌓여오던 지배자에
대한 분노가 폭발하였습니다. 그리고 "우리가 다윗 집안과 무슨 관
계가 있느냐"고 말했습니다. 바로 다윗 왕가의 이스라엘 통치에 대
한 정통성을 부정하게 된 것입니다. 다윗 가문이 이스라엘 통치에
있어 도덕성을 상실하게 되니까 백성들이 통치의 정통성을 거부하

게 된 것입니다. 그리하여 북쪽의 10개 지파는 분리하여 나갔습니다. 솔로몬왕 때로부터의 노동운동의 지도자 여로보암이 그들의 왕이 되었습니다. 그러나 사태의 심각성을 깨닫지 못한 르호보암은 노동감독관 아도니람을 보내어 백성들이 복종하기를 요구하였습니다.

"르호보암왕이 역군의 감독 아도람을 보내었더니 온 이스라엘이 저를 돌로 쳐 죽인지라 르호보암왕이 급히 수레에 올라 예루살렘으로 도망하였더라"(왕상 12:18).

분노한 백성들에게 왕이 보낸 감독관은 돌에 맞아 죽고 다급하여진 르호보암왕은 예루살렘으로 도망함으로 이스라엘 민족분열의 비극이 시작되었던 것입니다. 그리하여 여로보암을 수반으로 하는 북쪽 10지파의 민중세력과 르호보암을 왕으로 하는 남쪽 2지파의 다윗 왕가로 분열되었습니다. 한번 분열된 이스라엘 민족은 끝내 통일의 길을 이루지 못한 채 서로 다투기만 일삼다가 제각기 이민족에게 멸망당하는 신세가 되었습니다. 당시 중동지방의 열강 틈바구니에서 단합하여도 살아남기 어려웠을 민족이 둘로 갈라진 채 서로 다툼을 일삼았으니 어찌 살아남을 수 있었겠습니까?

우리는 열왕기상 12장의 말씀을 묵상하면서 오늘의 우리 처지를 살펴 반성하여야 합니다. 국민들 중에 급격한 변화를 꿈꾸는 급진변혁세력과 거기에 대처하겠다는 노 정권의 공안세력, 이들 두 세력 간에 일으키는 국가적 혼란은 우리 민족의 국력을 서서히 소모시키는 결과에 이를 것입니다. 오늘의 국제정세 속에서 단합하지 못하는 민족이 얻을 것은 민족의 쇠퇴밖에 무엇이 있겠습니까? 그런 뜻에서 강성기조는 바뀌어져야 합니다. 그것은 국론의 분열과 민족역량의 쇠퇴로 이끄는 길이기에.

기독학생운동의 원칙

기독학생 운동의 세 가지 원칙

오늘의 사회는 복잡한 사회입니다. 악이 무성한 사회입니다. 이런 사회를 대처하려면 좀 더 공격적이고 전투적인 자세가 필요합니다. 그래서 젊은 크리스천들의 모임에서 찬송을 부를 경우에도 보다 남성적인, 보다 진취적인, 그리고 미래지향적인 찬송을 했으면 좋겠습니다. 나라는 뒤죽박죽인데 우리끼리 모여가지고 '내게 강같은 평화' 같은 복음송만 늘 부르니까 자기 도취적이고 은둔적이어서 우리 사회의 분위기와는 너무 대조적입니다.

그렇다고 운동권의 학생들처럼 '죽창들고 나가자'하며 길거리를 뛰자는 것은 아닙니다. 저는 그런 방법으로는 민족의 아픈 현실을 아무것도 바로 잡아나갈 수 없다고 믿는 사람입니다. 그런 방법으로 나라를 사랑하겠다고 길거리로 나서는 학생들을 뒤따라나서는 것은 기독학생으로서는 자기 정체성을 잃어버리는 처사라 하겠습니다. 그러나 그들의 투쟁원칙과 방법을 따르지는 않지만, 우리 기독학생들이 그들에게서 배워야 할 것이 하나 있습니다. 바로 그들의 정열과 용감성입니다. 그들에 비해 우리 복음인들은 너무 얌전합니다.

너무 착하기만 해서 찬송을 하는 것이 자장가 같습니다.

제가 예전에 목사가 되기 싫어했던 이유 중에 하나는, 한국교회가 너무 여성적이라는데 있었습니다. 기독교는 여성적인 종교가 아니라 사나이들의 종교입니다. 난세를 확신과 담력을 지니고 돌파하여 나가는 사나이들의 종교입니다. 기독교의 성서 자체, 기독교 역사 자체는 모래 벌판에서, 광야 사막에서 생명을 걸고 매일 대결하며 개척한 사나이들의 이야기입니다.

그런데 우리 교회는 지나치게 여성적인 면이 있습니다. 목사님들을 보면 교회 권사님들 예닐곱 명씩 앞에 모시고 뒤에 따라 다니면서 심방 다닙니다. 그 모습을 보면 얼굴에 아첨끼가 있고 어깨도 좀 구부정하고 해서, 꼭 남자 중에 남자답지 못한 꼴입니다. 마치 옛날 양반과 상민층에 끼어 눈치보며 살아가던 아전패 같은 그걸 보고 저는 목사 못하겠다 싶었는데, 그런 생각을 해서 그런지 지금 목사된 뒤에도 심방갈 때 여자들은 함께 가지 않습니다. 여전도사들을 먼저 보내거나 나중에 뒤따라오라 이르고 건장한 남자들과 함께 심방을 갑니다. 시골 좁은 골목길을 남자 집사들 7, 8명이 어깨에 힘을 주고 걸으면 마을사람들이 보기에도 교인들이 장부의 기상이 있는 것 같고 교회가 현실문제에 대한 해결의 힘을 가진 것처럼 느껴질 것입니다. 여성이 나쁘다는 것이 아니라 여성적이라 할 때의 나약하고 소극적인 면 보다는 남성사회의 진취성, 개척정신 등을 높이자는 것입니다.

우리 기독교의 본질적인 요소는 공격적이고 다이나믹하고 역사를 변혁시키는 에네르기 자체인데 우리가 너무 현실안주적인 그런 기독교를 수용하고 있지 않나 저는 그렇게 생각합니다. 저는 우리 청년들의 기독학생운동이 세 가지 원칙을 갖추었으면 합니다.

1. 복음적인 신앙고백

첫번째는 우리 시대의 기독학생운동은 복음적인 신앙고백이 분명해야 된다는 것입니다. 예수님과 나와의 구원의 확신과 관계가 분명해야 됩니다. 그래서 일부 학생운동에 대해서, 예수님 없이 운동만 하는 운동에 대해서 저는 비판적입니다. 어떤 학생선교단체에서 제게 설교를 초청해서 갔더니 분명히 기독학생운동인데 줄담배를 피우면서 밤새 술먹으면서 비판으로 욕하는 얘기만 합니다. 찬송이나 복음송은 하나도 없고 전부 다른 운동권 노래만하고 해서 제가 "자네들 무슨 운동을 줄담배 피우면서 하나? 전매청 운동인가?"라고 책망했습니다.

"혁명가적인 경건성이 없으면 운동가는 못된다"고 레닌이 말했습니다. 레닌이 뭐라고 말했느냐하면 "혁명을 성취할 자는 수도사적 경건성이 없으면 불가능하다"고 했습니다. 공산주의 혁명을 성취할 수 있는 사람은 어떤 사람이냐? 도덕적으로 부패한 사람은 안된다는 것입니다. 수도사적인 경건함, 자기통제(절제), 인내를 가진 사람이어야 한다는 것입니다. 혁명을 성취하기 위해서 자기를 신부님이나 목사님, 스님처럼 절제하고 제어할 수 있는 사람이 아니면 혁명가가 못된다는 것입니다. 그런데 우리 운동권 학생들은 안 그렇습니다. 조금 행동이 난잡해야 운동성이 있는 것처럼 착각하는 학생들이 있습니다. 그래선 아무것도 되는 게 없습니다. 그런 사람들이 혁명에 성공해봐야 지옥이나 만들어내지 뭘 만들어내겠습니까? 분명한 신앙고백 위에서 자기 자신을 경건하게 훈련할 수 있는 사람, 그런 사람이 하나님 앞에 쓰임받고 역사를 만들어낼 수 있는 사람입니다.

2. 공동체적인 의식

두번째, 우리의 학생신앙운동이 발전하려면 공동체적인 의식, 교회론이 분명해야 됩니다. 아무리 한국교회가 부패하고 못나도 교회에 대한 충성심은 철저해야 됩니다. 자기 어머니가 무식하다고 어머니를 바꿀 겁니까?

제가 김교신 선생님을 존경하지만 한 가지 동의하지 않는 점이 있습니다. 교회론에 대해서는 제가 동의하지 않습니다. 김교신 선생님은 교회에 대해서 너무 부정적으로 봤습니다. 보이는 교회가 아무리 때묻고 부패해도 교회로서 인정하고 충성해야 됩니다. 단지 그 교회에 들어가서, 아닌 것은 아니고 옳은 것은 옳다고 교회를 섬김으로써 기여할 수 있는 자세가 되어야 합니다. 신앙선교단체의 약점이 그것입니다. 저는 네비게이토에 큰 영적인 빚을 지고 있습니다. 저는 네비게이토 형제들을 통해서 하나님을 만나고 신앙고백을 분명히 해서 그 단체에 대해서 늘 고마운 생각을 가지고 있습니다. 그러나 네비게이토든 CCC든 IVF든 교회 안에서 자기 위치를 분명히 알아야지, 교회 밖에서 교회비판만 하는 것은 주님께서 기뻐하시지 않는 방법이라고 생각합니다. 한국교회 전체에서 한국교회의 공동체적인 의식이 분명해야 됩니다. 개개의 크리스천이 보이지 않는 참 진리의 교회를 섬기기 위해서는 보이는 교회에 대한 충성스러운 섬김을 통해서 그리스도를 섬기고 또 나아가서 우리 민족과 백성을 섬기는 자세가 참 중요합니다.

3. 미래지향적 역사의식

세번째, 우리 한국 청년운동이 가지고 있는 약점 중의 하나는 미래지향적인 역사의식이 분명하지 않다는 것입니다. 역사의식이 뭡니까? 야훼 하나님이 역사의 주인이라는 겁니다. 야훼 하나님이 역사의 주인이기 때문에 하나님의 사람인 우리도 역사를 만들어나가는 일꾼이라는 말입니다. 왜냐하면 하나님이 직접 역사를 만드시는 것이 아니라 사람을 통해 일하시기 때문입니다. 하나님은 한국교회사의 주인이기도 하고 민족사의 주인이기도 합니다. 하나님께서 한국교회만 사랑하시고 한국민족은 사랑하시지 않습니까? 하나님께서 한국교회만 주장하시고 한국역사에는 무관심하십니까? 그것은 아닙니다. 교회사의 주인이시고 민족사의 주인이십니다.

그러므로 우리는 교회를 섬기는 뜨거운 마음을 가지고 목숨걸고 민족을 섬겨야 된다는 말입니다. 그 의식이 투철해야 되는데 한국교회의 한 가지 약점은 민족얼이 약하다는 것입니다. 분명히 한국교회는 민족정신이 약합니다. 그래서 운동권 학생들이나 역사학자들한테 일방적으로 비난을 받습니다. 너무 지나치게 그 사람들은 한국교회가 가지고 있는 아름답고 사랑스러운 면들을 의도적으로 무시해 버리고 비방일변도로 나옵니다. 그 사람들의 반응에 대해서는 우리의 책임도 있습니다. 대체적으로 민족얼이 약하는 것입니다. 왜그러나 하면 제 생각에는 선교사들 밑에서 크면서 그렇게 되었지 않았나 합니다. 한국교회가 복음이 들어오던 처음에는 안 그랬는데 세월이 가면서 왜 민족얼, 민족정신이 약화되었는가? 우리가 토론해볼 만한 문제입니다. 이만열 교수님이 그러더군요. "한국교회는 자유당 정권을 기독교 정권이라고 말할 만큼 기독교인이 정권을 장악하고 있었으면서 기독교 정권인 자유당이 한국 해방 이후 역사를 그르쳤으니까 민주화니 인권이니 그렇게 말하기 전에 자유당때 기독교가 우리 민족에게 잘못한 것을 정식으로 사과를 하고 넘어가야 된다"라고 말했습니다. 타당한 얘기입니다.

캠퍼스의 신앙운동은 미래지향적인 역사의식이 분명해야 됩니다. 교회만 섬기고 전도만 해서는 안된다는 말입니다. 전도하는 것은 예수 믿는 사람에게는 숨쉬는 것과도 같은 필수적인 것입니다. 그러나 영혼구원만 전도하고 민족의 역사발전에 기여하지 못한다는 것은 성경이 뭔지 모르는 사람들입니다. 성경을 바울서신 이하만 읽고 아모스, 예레미야 등은 건너뛴 사람들입니다. 성경은 전체를 보고 전체를 우리의 양식으로 삼아야지 한 부분에만 매이면 안됩니다. 흔히 복음적인 길을 걷는 신앙단체들이 빠지기 쉬운 약점을 보완하면 되는 것입니다. 부정적으로 매도할 것이 아니라 약점을 보완하면 되는 것입니다. 부정적으로 매도할 것이 아니라 그 약점을 고쳐나가면 된다는 말입니다.

개인구원과 역사구원

저는 1971년에 빈민촌에 들어가서 활빈교회를 시작했는데 빈민촌에 들어갈 때에 저는 개인구원만 알았습니다. 제 영혼이 구원받은 그 감격만 있었습니다. 그래서 전도할 때 전도지를 들고 각 가정에 돌면서 예수 믿으라고 그러니까 빈민들이 하는 말이 "돈이 있어야 예수믿지, 이 사람아" 합니다. "예수는 값없이 믿는 것인데 왜 돈이 필요합니까?" "예수는 공짜로 믿을지 몰라도 예배당에는 돈이 있어야 가지 않나?" 그럽니다. 빈민촌에서 같이 살아보면서 '개인구원만 가지고는 안되는구나'하는 것을 깨달았습니다.

개인구원이 신앙의 출발점인데 개인구원의 신앙고백이 없어도 신앙생활할 수 있는 것처럼 착각하는 사람들도 있습니다. 그건 아예 안되는 말입니다. 저는 늘 민중운동, 노동선교하는 친구들을 만나면 부딪칩니다. 교회가 예수님은 빠지고 예배당만 남듯이 선교운동이 선교는 빠지고 운동만 남게는 하지 말라고 말합니다. 그러면 친구들이 그럽니다. '너는 시대에 뒤떨어지는 말을 한다'

그렇습니다. 제가 'out of date'라면 그들은 'out of Jesus'입니

다. 저는 'out of date'이지만 'in Christ'인 것을 감사하게 생각합니다. 아무리 시대에 앞질러가도 선교는 선교로서 예수님 안에서 신앙고백이 분명해야 되는 것인데 그 점이 없이 어떻게 선교를 하느냐는 말입니다.

또 문제는 그곳에 왜 머물러 버리느냐는 것입니다. 빈민촌이나 노동이나, 역사의 현장에 들어가서 몸을 부딪쳐볼 때에, 또 성서를 읽고 은혜를 받을 때에 어떻게 자기의 영혼구원을 받음에만 머물러 있을 수 있습니까? 자기 영혼을 구원받은 사람이 역사, 사회를 구원하는 것이 아니냐는 말입니다. 개인구원과 역사구원이 하나로 있지 못하면 성서적인 구원이 아닙니다. 개인구원 없이 역사구원은 말할 수도 없는 것이고 역사구원 없이 기독교를 말할 수도 없는 것입니다. 그런데 한국에는 갈라져서는 안될 것이 갈라져 있습니다. 개인구원과 역사구원이 하나로 뭉쳐지게 하는 것이 한국교회의 과제입니다. 그러기 위해서는 역사의식이 분명해야 되는 것입니다.

모든 분야에 우리 기독교인이 들어가서 리더쉽을 발휘해야 합니다. 우리 문화 자체가 기독교적, 성서적이 되도록 도전해야 합니다. 우리나라의 미래의 역사는 예수님의 제자들이 책임을 진다는 투철한 결의를 가지고 어디든지 파고 들어가야 합니다. 저는 어떤 분야든 청년들이 꿈을 가지고 파고 들기를 바랍니다. 어디든 들어가서 바꾸어놓아야 참된 일꾼이지, 밖에서 욕만 하는 것은 성령받은 사람의 것이 아니라는 것입니다. 학생운동이 미래지향적이고 미래를 창조할 수 있는 역사운동이 될 수 있기를 바랍니다.

미래를 볼 수 있는 눈

본문에 들어가서 마가복음 10장 32절을 읽겠습니다.

"예루살렘으로 올라가는 길에 예수께서 제자들 앞에 서서 가시는데 저희가 놀라고 좇는 자들은 두려워하더라 이에 다시 열두 제자를 데리시고 자기의 당할 일을 일러 가라사대."

여기서 '앞에'라는 말이 대단히 묘미가 있는 말입니다. 왜 뒤따라오는 제자들이 두려워했습니까? 성경을 읽을 때는 배경을 알아야 합니다. 예수님은 죽으러 가시는 것이었습니다. 그 전에 올라가실 때는 '호산나'를 외치면서 갔었는데말입니다. 제자들은 그것을 알기 때문에 놀라고 두려워했던 것입니다. 그래도 예수님은 제자들의 마음을 아시는지 모르시는지 앞서서 가십니다. 이어서 33절 말씀을 봅시다.

"보라 우리가 예루살렘에 올라가노니 인자가 대제사장들과 서기관들에게 넘기우매 저희가 죽이기로 결안하고 이방인들에게 넘겨주겠고 그들은 능욕하며 침뱉으며 채찍질하고 죽일 것이니."

제자들은 여기까지만 알았습니다. 그래서 두려워하고 억지로 따라간 것입니다. 하지만 예수님은 그 다음것까지 알았습니다. "저는 삼일 만에 살아나리라." 제자들은 이것을 몰랐습니다. 지금도 우리는 그것을 볼 수 있어야 합니다. 예수님이 우리 앞에 서서 가시는 것을 보지 못하면 제자들 마음과 같이 놀라고 두려워집니다. 우리는 부활할 것을 내다보아야 합니다.

눈물 속에 계시는 예수님

저는 실제로 예수님을 제 눈으로 본 경험이 있습니다. 71년에 빈민촌에 들어갔었는데 과로를 했습니다. 너무 무리를 해서 병이 났습니다. 그러니까 마음이 약해졌습니다. 그래서 무슨 생각을 했느냐 하면 이렇게 빈민촌을 고집할 게 아니라 여길 떠나야겠다는 생각을 하게 됐습니다. 그리고 짐을 싸고 교회의 간판을 내렸습니다. 그리고는 용달차를 부르러 갔습니다. 짐을 신학교에 옮겨놓고 빈민촌 사람들에게 엽서나 띄울까 해서 짐을 가지러 나갔는데 교회 앞마당에서 어린아이들이 놀고 있었습니다. 빈민촌에 아이들이 놀 곳이 없었는데 교회가 생기고 나니까 아이들이 새벽부터 와서 놀곤 했었습니다. 그 애들을 보니까 제가 짐을 가지고 떠나는 것을 보일 수가 없었습니다. 그래서 애들이 흩어진 후에 가야겠다고 마음을 먹었는데 두어 시간 지난 후엔 애들이 더 많아져버렸습니다.

밤이 되도록 기다리다가 시간이 남아서 빈민촌을 한 바퀴 돌았습니다. 판자집들을 차례차례 돌다보니까 자꾸 마음이 흔들렸습니다. '이들은 갈 데 없어서 이곳에 사는데 나는 갈 데가 있다고 떠나는구나' 그래도 독한 마음먹고 떠나려고 교회로 다시 돌아오는 길에 교회 앞 마지막 집에 애들 신발이 흩어져 있었습니다. 이 애들이 왜 나와서 놀지 않는지 궁금해서 들여다 보았더니 아이들이 쭉 누워있었습니다. 애들에게 어디 아프냐고 물었더니 열세 살 먹은 아이가 하는 말이 어머니, 아버지가 장사나간 지사흘이 돼도 안 들어와서 굶었다는 겁니다. 그 부부들은 극장 뒷골목에서 리어카로 우동 장사하는 사람들이었습니다. 애들이 배고파 우는 것은 그냥 보고 있기 힘듭니다. 그 중 세 살짜리 아이가 배고프다고 우는 얼굴을 보고 있자니 너무 가슴이 아팠습니다.

그때에 그 우는 얼굴 속에 예수님 얼굴이 나타났다가 사라졌습니다. 그때 제가 예수님의 얼굴을 보고 정신이 바짝 들었습니다. '아, 예수님은 신학교에 계시는 것이 아니고, 예배당에 계시는 것이 아니고, 배고파 우는 아이들 속에 계시는구나'라고 말입니다.

그런데도 저는 저 혼자 살려고 이곳을 떠나려고 했던 생각을 하니까 가슴이 철렁했습니다. 예수님은 저에게 도전했습니다.

"나는 너를 죄와 심판에서 구원하기 위하여 십자가에서 죽었다. 너를 위해서 죽은 내가 지금 어린아이들의 배고파 우는 눈물 속에 있다. 네가 이번엔 나를 도와라. 배고파 우는 어린아이의 눈물 속에 갇혀있는 나를 해방시켜라."

그래서 저는 기본적으로 기독교는 '해방의 종교'라고 생각합니다. 남미에서의 해방신학은 지나치게 경제사회적인, 지나치게 마르크시즘적인 사고를 가지고 신학을 해석합니다. 그런 해방신학 때문에 기독교는 진짜 해방의 신앙이라는 사실이 흐려진다고 저는 생각합니다. 마치 한국의 민중신학이 참 민중에 대해 우리 교회를 뒷걸음치게 만들듯이 말입니다. 기독교는 근본적으로 해방의 신앙입니다. 먼저 개개의 영혼이 죄로부터 해방되는 것, 죽음과 심판에서 해방되는 것, 그리고 그 시대의 정치적, 경제적, 사회적인 불평등, 억압, 비인간적인 요소로부터 해방되는 것까지가 기독교의 해방의 신앙입니다. 저는 그때 예수님을 보고 그 자리를 떠나지 않기로 했습니다. 그리고 그날 요한복음 12장 24절을 묵상했습니다.

"한 알의 밀알이 땅에 떨어져 죽지 아니하면 한 알 그대로 있고 죽으면 많은 열매를 맺느니라."

그리고 저는 이렇게 기도했습니다. '제가 한 알로 살아서 신학교에서 공부해서 성공하는 목사가 될 생각을 버리겠습니다. 저 혼자 성공해서 성공한 목사가 되어서 무엇합니까? 저는 이 동네에 남아서 배고파 우는 아이들의 눈물이 없어지는 날까지 이 자리에 있겠습니다. 힘도 없고 돈도 없고 아무 활력도 없지만 배고파 우는

어린아이의 눈물이 있는 한, 저는 이 자리에 있겠습니다.'

그때 제가 죽을 작정을 했습니다. '주님, 제가 예수님이 사신 만큼 살았으니까 더 오래 살 생각을 하지 않겠습니다.' 예수님은 저를 위해서 33세에 죽으셨는데, 제가 더 오래 살아서 성공한 목사되는 것은 좋지 못하다는 생각이 들었습니다. '제가 빈민촌을 떠나서 오래 살 생각을 하지 아니하고 이 동네 남아서 죽을 작정을 하겠습니다' 다짐했습니다. 그때 그 아이가 작년에 대학에 들어갔습니다. 등록금은 농민들이 걷어서 주었는데 저는 이렇게 말했습니다. "이 등록금을 너한테 주는 이유는 네가 배고파 우는 눈물로 활빈교회 간판이 다시 붙었고, 네가 공부하는 학문으로 배고파 우는 어린 아이들의 눈물이 없어지는 날까지 예수님을 섬기는 마음으로 백성을 섬기는 사람이 되라고 이것을 주는 것이다. 내가 너희들 속에서 예수님을 봤듯이 너도 네가 몸바쳐 일할 백성들 속에서 예수님을 만나라. 내가 만난 예수님을 듣지만 말고 네 눈으로 예수님을 만나라"고 말입니다.

앞서 가시는 예수님을 바라보자

예수님께서 예루살렘으로 올라가는 길을 앞에 서서 가셨는데, 제자들은 앞서 가시는 예수님을 보지 못하고 예루살렘에서 기다리는 죽음만 생각했습니다. 우리가 크리스천으로서 현실이 고되고 어렵고 복잡할수록 앞에 계시는 예수님을 볼 수 있어야 합니다. 어떤 상황에서도 앞서서 가시는 예수님을 봐야 합니다. 출애굽기 13장 21절을 봅시다.

"여호와께서 그들 앞에 행하사 낮에는 구름기둥으로 그들의 길을 인도하시고 밤에는 불기둥으로 그들에게 비취사 주야로 진행

하게 하시니 낮에는 구름기둥, 밤에는 불기둥이 백성 앞에서 떠
나지 아니하니라.”

　구름기둥 불기둥이 백성들 앞에서 떠나지 않았다고 했습니다.
구름기둥 불기둥은 우리 시대에는 영의 눈으로 보는 것입니다. 말
씀으로, 확신으로, 신앙고백으로, 사명으로 보는 것입니다. 우리
는 영의 눈으로 앞에서 역사를 끌어가는 구름기둥　불기둥을 봐야
합니다. 제가 처음 빈민들을 데리고 지금 활빈교회가 경영하는 두
레마을 개척지로 내려갔을 때 얼마나 막막했는지 모릅니다. 그 지
역에 가장 높은 곳 이름이 봉화산입니다. 봉화불을 올리던 산이었
습니다. 이 산이름을 듣고 기도제목이 생겼습니다. ‘주님, 이 산
주인이 누군지 모르지만 이 산을 우리에게 주십시오. 지금 낙심해
있는 이 사람들에게 성령의 봉화를 올리겠습니다. 그리스도 안에
길이 있다는 것을 전하는 이 산을 주시옵소서.’ 그러던 7년 만에 우
리에게 기도의 응답이 왔습니다. 계약 만기일 이틀 전에 돈이 부족
해서 고민하고 있는데 미국에 사는 교포가 찾아와서 헌금을 했습
니다. 부족한 돈이 너무 정확하게 맞는 것이었습니다. 그래서 봉화
산이 우리의 것이 됐습니다. 마침내 그곳에 성서적인 공동체를 만
들었습니다. 한국교회는 공동체 의식이 약합니다. 개개인의 신앙
은 좋은데 공동체 의식이 너무 약합니다.
　마가복음 10장 35절을 봅시다.

“세베대의 아들 야고보와 요한이 주께 나아와 여짜오되 선생님
이여 무엇이든지 우리의 구하는 바를 우리에게 하여 주시기를
원하옵나이다. 이르시되 너희에게 무엇을 하여 주기를 원하느냐
여짜오되 주의 영광 중에서 우리를 하나는 주의 우편에 하나는

좌편에 앉게 하여 주옵소서.”

예수님이 죽으시고 부활하시고 승천하시기 전까지도 제자들은 예수님을 독립투사로 보았습니다. 그리곤 승천하시기 직전까지도 지금이 독립할 때냐고 여쭈었습니다. 예수님은 그들의 말을 못들은 척하시고 “때와 기한은 너희가 알 바 아니다. 오직 성령이 임하시면 권능을 받고 예루살렘과 유다와 사마리아와 땅끝까지 증인이 될지니라” 말씀하셨습니다. 마지막 순간까지 제자들은 예수님을 잘 몰랐습니다.

마가복음 10장 35절의 물음도 그와 마찬가지입니다. 예수님은 “네가 무슨 자리에 앉는 것은 문제가 아니다. 내가 마실 잔을 네가 마실 수 있느냐?”라고 하십니다. 예수가 과연 누구냐는 문제는 지금도 따라다니는 문제입니다. 예수님이 누구시냐는 질문은 마가복음 8장 27절 이하에 있습니다.

“예수와 제자들이 가이사랴 빌립보 여러 마을로 나가실새 노중에서 제자들에게 물어 가라사대 사람들이 나를 누구라고 하느냐 여짜와 가로되 세례 요한이라 하고 더러는 엘리야, 더러는 선지자 중의 하나라 하나이다 또 물으시되 너희는 나를 누구라 하느냐 베드로가 대답하여 가로되 주는 그리스도시니이다.”

예수님이 나에게 누구이시냐는 것에 따라서 우리의 인생도 결정됩니다. 나아가서는 나라의 운명까지도 결정됩니다. 예수님에 대한 오해는 요즘에 더욱 심한 것 같습니다. 3·1운동 후에도 많은 사람들이 기독교를 떠났습니다. 그 중 한 사람인 이광수의 기독교 비판의 글을 보면 그는 예수를 잘못 알고 있었습니다. 제자들 중에 가장 똑똑한 가룟 유다도 예수님을 완전히 오해하고 있었습니다. 예수님의 제자 중 열심당 출신으로 가장 의식이 있다고 이야기되는 가룟 유다는 예수님을 정치적 해방자로 잘못 인식한 것입니다. 그리고 예수님을 팔 때도 뉘우칠 때도 죽을 때까지도 자기 혼자서 결정해버렸습니다. 똑똑한 사람들은 자기중심적이기 때문에 미련한 것입니다. 반면에 베드로는 무식하고 불같은 성미였지만 신앙고백이 달랐습니다. "주는 그리스도요, 살아계신 하나님의 아들이로소이다"라는 신앙고백이 분명했습니다.

운동성 있는 신앙

신앙운동에는 운동성이 중요합니다. 다이나믹한 운동성이 결여되고 체제만 남게 되면 하나님의 교회는 메마르게 됩니다. 운동에는 여러 운동이 있지만 가장 중요한 운동은 영적 운동입니다. 영의 운동에서 도덕운동으로, 도덕운동에서 사회정치개혁운동으로 넘어가야 합니다. 사회가 변하려면 종교 자체가 운동성이 있어야 합니다. 그러려면 가장 중요한 것은 동질의 신앙이 결속하는 것입니다. 우리에게 동질의 신앙은 바로 예수 그리스도에 대한 신앙고백입니다. 동질의 신앙을 가진 사람들이 뭉쳐서 팀웍을 이룩하는 것, 이것이 운동성을 갖게 되는 지름길입니다.

똑똑하고 잘난 게 중요한 게 아닙니다. 예수님은 똑똑한 사람을 부르신 것이 아닙니다. 예수님의 제자들은 고기잡이 하던 사람들입니다. 그들에게 예수님은 땅끝까지 복음을 전하라고 하셨습니다. 예수님이 보신 것은 현재 그들을 넘어서 그들이 성령과 진리로 가득 차면 그 사람들이 땅끝까지 뒤집는 역사를 만들 수 있다는 것을 본 것입니다. 마가복음 10장 41절 이하의 말씀을 봅시다.

"열 제자가 듣고 야고보와 요한에 대하여 분히 여기거늘 예수께
서 불러다가 이르시되 이방인의 소위 집권자들이 저희를 임의로
주관하고 그 대인들이 저희에게 권세를 부리는 줄을 너희가 알
거니와 너희 중에는 그렇지 아니하니 너희 중에 누구든지 크고
자 하는 자는 너희를 섬기는 자가 되고 너희 중에 누구든지 으뜸
이 되고자 하는 자는 모든 사람의 종이 되어야 하리라 인자의 온
것은 섬김을 받으려 함이 아니라 도리어 섬기려 하고 자기 목숨
을 많은 사람에게 대속물로 주려 함이니라."

정말로 우리가 예수님을 위하여 죽겠다 하는 각오가 있으면 소
수의 사람만으로도 우리는 역사를 바꾸어놓을 수 있습니다. 우리
는 이 말씀을 따라서 내 몸을 희생의 제물로 내어놓겠다, 섬기는
자가 되겠다고 각오해야 합니다. 그러기 위해 우리가 맨먼저 해야
할 것은 확실한 신앙고백, 예수님이 자기 자신에게 누구라는 확신
을 갖는 일입니다. 예수님이 우리 개개인의 주인일 뿐 아니라 우리
민족의 주인이 되시게 하자는 기도제목을 가진 사람들이 모여서
결의를 해야 합니다. 우리는 좀더 전투적이 되어야 합니다. 또한
그런 사람들을 길러내어야 합니다.

역사를 바꾸는 사람들

우리도 이 시대에 우리 밖에서 하나님의 나라를 세우는 데 목숨을
걸어야 합니다. 하나님께서 우리 민족에게 주시는 길이 무엇인지를
깊이 깨닫고 보아야 합니다. 그리고 깃발을 분명히 들어야 합니다.
그것이 예수님을 섬기는 길입니다.

"네게서 날 자들이 오래 황폐된 곳들을 다시 세울 것이며 너는 역

대에 파괴된 기초를 쌓으리니 너를 일컬어 무너진 데를 수보할 자라 할 것이며 길을 수축하여 사람사는 곳이 되게 하는 자라 하리라"(사 58:12).

이 말씀은 지금 우리에게 하는 말씀입니다. 한국 기독교에 주는 말씀입니다. 대를 물리면서 잘못된 기초를 다시 쌓으라는 것입니다. 기독교는 헌 집 수리하는 종교가 아닙니다. 기독교는 헌 집을 뜯어버리고 새 집을 짓는 종교입니다. 영어로 이 본문을 읽으면 더 생생합니다.

"You shall raise up the foundation of many generations."

여기서 'You shall'은 분명히 의지미래입니다. 여호와의 의지가 우리에게 오는 것입니다. 우리 시대에 하나님이 주신 사명입니다. 잘못된 역사의 기초를 우리에게 다시 쌓으라는 것입니다. 하나님의 의지이므로 하나님께서 우리에게 지혜와 힘을 주시는 것입니다. 모든 기초가 그리스도 위의 기초가 되도록 우리가 그것을 하라는 말씀입니다. 저는 여러분들이 그 일에 헌신하시기를 바랍니다. 잘못되어있는 역사에 대하여 아니라고 말할 수 있는 크리스천 청년들이 나와야 합니다. 새 역사 새 정치의 기초를 우리 손으로 닦아야 합니다. 그것을 하는 사람들이 예수님의 제자라고 말할 수 있습니다. 저는 여러분 젊은이들 가운데에서 예수님의 제자가 많이 배출되기를 바랍니다.

마지막으로 공산주의에서 공산당의 전략 전술로 삼는 헤겔의 변증법 중에 중요한 것이 하나 있습니다. "역사의 발전에 있어서 양적인 축적은 질적 변화를 가져온다"는 것입니다. 공산당에서는 한 사람 한 사람을 철저히 가르쳐서 한 때 굉장히 크게 발전했습니다. 개개인을 철저히 가르친다는 것은 공산당이나 교회나 마찬가지입니다. 그런데 공산당은 전 인구의 3%만 있어도 혁명을 수행한다고 하는데 기독교는 그렇지 못합니다. 기독교인은 우리나라 인구의 25%를 넘는데 이 모양입니다. 그것은 제자가 적기 때문에 그런 것입니다.

우리는 정말로 예수님을 위해서 목숨을 바칠 사람이 있는가 돌아보아야 합니다. 저는 기독 청년들 중에 우리 역사를 변화시킬 수 있는 촉진제와 촉매의 잠재된 힘이 축적되기를 바랍니다. 이것이 어느날엔가 폭발되어서 역사를 회복할 수 있게 되기를 간절히 바랍니다.

예수님을 위해 목숨을 바칠 각오가 되어있는 사람만이 이땅의 역사를 바로 잡아갈 수 있기 때문입니다. 이 땅의 역사를 변화시키는 일은 바로 여러분, 기독 청년들의 손에 달려있습니다.

개혁하는 신앙

　여러분은 독일의 막스 베버라는 분을 잘 아실 줄로 압니다. 그 막스 베버라는 분이 아주 좋은 얘기를 했습니다. "어떤 종교든지 그 종교가 자기들의 경전을 어떻게 해석하느냐에 따라서 백성들의 삶이 결정된다"라고 했습니다. 중요한 얘기입니다. 불교든 기독교든 유교든 자기들의 경전을 어떻게 해석하느냐에 따라서 백성들의 삶과 운명이 결정된다는 얘기입니다.

　같은 성경이지만 그 성경을 읽는 사람이 어떻게 해석을 하고, 어떻게 삶에 적용하느냐에 따라서 그 사람의 운명이 결정됩니다. 그래서 성경을 많이 읽는다고 되는 것은 아닙니다. 성경을 많이 읽는 것은 좋습니다. 당연한 말입니다. 그러나 많이 읽는 것보다도 더 중요한 것이 있습니다. 바로 읽어야 하는 것입니다.

　옛날의 유교경전 중에 효경이라는 경전이 있습니다. 효경이라는 경전은 부모에 대한 효도에 대해서 쓴 경전입니다. 그러나 우리 옛말에 "효경 백 번 읽고 애비 뺨친다"는 말이 있습니다. "부모에게 효도해라" "부모를 공경해라"를 백 번을 읽고서는 자기 아버지 뺨을 친다는 뜻입니다. 성경 많이 읽고 통일교회가 나오고, 성경 열심히 읽고 나서 박태선처럼 "감람나무가 나다"라고 하는 것입니다.

성경을 많이 읽는다고 되는 것이 아니라, 어떻게 읽느냐, 어떻게 해석을 하느냐가 중요합니다. 그래서 신학공부가 중요한 것입니다.

종교의 세 가지 유형

어떤 종교든지 그 종교는 현실에 대한 자세에 있어서 세 가지 유형으로 갈라집니다. 물론 그것은 경전에 대한 해석과도 관계가 있습니다.

첫번째 유형은 현 체제, 정치, 사회, 모든 현 기성질서에 대해서 정신적으로 사상적으로 뒷받침해주는 유형입니다. 대표적인 종교는 유교입니다. 중국의 역사, 이조 500년 역사 동안에 유교는 양반 체제, 왕권 체제를 뒷받침해주는 역할을 했었습니다.

두번째는 현실에 대해서 회피하고, 내세만 강조하고, 개인의 내면만 강조하는 종교입니다. 도교가 대표적이라 하겠습니다. 도교는 옛날부터 신선이 되는 훈련을 하며, 왕조가 바뀌든지, 독재를 하든지, 백성이 도탄에 빠지든지 관계없이 자기 수양만 해서 신선이 되는 것에만 늘 치중했습니다.

세번째 유형이 중요합니다. 현실의 부조리와 모순에 대해서 도전하고, 백성들의 보다 행복한 삶을 위해서 개혁하는 종교입니다. 우리 기독교가 대표적 유형이라 하겠습니다. 기독교 중에서도 개신교가 그 점에서 두드러집니다. 물론 개신교 중에서도 칼빈신앙을 중심으로 한 개혁사상이 세번째 유형의 대표적인 경우라고 하겠습니다.

장로교의 개혁사상

여러분도 아시겠지만 칼빈사상은 참 뛰어난 사상입니다. 우리가 장로교 신앙을 지키면서도 장로교의 장점을 잘 모르고 있는 것 같습니다. 우리는 이것을 분명히 알아야 합니다. 교단으로서, 성경에 대한 해석으로서, 현실에 대처함에 있어서 개혁신앙이 무척 탁월하다는 것을 알고 있어야 합니다. 역사적으로 밝혀진 바대로 장로교가 부흥되면 그 시대 그 백성들에게 좋은 결과를 가져다 주었습니다.

첫번째가 장로교가 부흥되면 그 사회에 민주주의가 발전된다는 것입니다. 우리 장로교 신앙이 민주주의를 가르치는 것은 아닙니다. 그러나 장로교의 신학, 정치, 교회구조, 성서에 대한 해석, 이 전체가 민주주의를 발전시키게끔 되었다는 것입니다. 그래서 한국의 장로교회가 한국교단의 주종을 이루었다는 것은 한국의 국민적인 축복이라는 것입니다. 그러나 단 한 가지 조건이 있습니다. 장로교가 장로교의 근본정신에 충실해서 제대로 세워져야 합니다. 두번째는 장로교 정신이 부흥되면 산업이 부흥된다는 것입니다. 장로교에서 무역하고 장사하고 사업하는 것은 아닙니다. 그러나 성경에 대한 장로교의 성경관, 현실관, 재물관, 이 모든 것이 건전하고 발전지향적이기 때문에 장로교가 부흥하면 산업이 부흥한다는 것입니다. 장로교가 들어가면 민주주의가 발전하고, 산업이 부흥하게 됩니다. 그러니 한국의 장로교가 주 교단이라는 것이 국민에게 얼마나 큰 축복이겠습니까? 그래서 저는 한국에 장로교가 이렇게 부흥된다는 것은 하나님이 주신 큰 축복이라고 생각합니다.

그런데 문제는 그 장로교가 장로교의 근본사상인 개혁사상을 바로 드러내야 하는 것입니다. 그러나 한국 장로교회는 오히려 장로교의 부정적인 면이 두드러지지 않나 염려됩니다.

얼마전 우리 교단에서도 장로님들과 목사님들이 다투신 적이 있었습니다. 지금도 그 다툼이 계속되는 것 같습니다. 교회에서 장로가 더 높으냐, 목사가 더 높으냐 하는 것이 다툼의 내용입니다. 우

스운 얘기 아닙니까? 이런 걸 '도토리 키재기'라고 합니다. 그러나
"성경적으로 말하면 누가 더 낮으냐"하는 것은 말이 됩니다. 예수님
께서는 낮아지는 자가 더 높은 자라고 하셨습니다. 그러니까 더 낮
은 것을 누가 더 섬기고, 누가 더 밑에 내려가느냐 그걸로 얘기가
나오면 말이 됩니다. 그런데 장로님들과 목사님들이 서로 앉아서 누
가 더 높으냐 싸운다면 우스운 얘기일 뿐입니다. 그것은 장로교의
근본장점이 사라지는 것입니다.

그래서 장로교의 미래를 짊어질 청년들이 칼빈을 중심으로 시작
된 장로교 개혁신앙에 있는 바르고 긍정적인 자양분을 섭취하여 우
리 민족역사의 전체에 기여할 수 있는 아름다운 전통을 되살려낸다
는 것은 대단히 중요한 일입니다. 여러분 청년들이 캠퍼스에 있을
때부터 곰곰이 생각하고, 그 사명을 체득해서 우리 한국 장로교의
개혁뿐 아니라, 우리 역사개혁에 기수가 될 수 있기를 바랍니다.

한국교회의 네 가지 병

저는 여러 교회를 돌아다니다보니 한국교회에 대해 걱정되는 점이
있습니다. 저는 네 가지 점에서 한국 장로교회가 병이 들었다고 생
각합니다. 장로교회를 중심으로 한 한국교회의 병이라고 할 수 있겠
습니다.

1. 진실성의 결여

첫째는 지도자들과 교인들에게 진실성이 없다는 점입니다. 예를
들어, 총회장 선거때마다 몇 억을 쓴다고 합니다. 왜 총회장 선거에
몇 억을 써야 합니까? 주로 목사님들이 출마하시는데, 목사님들의
월급으로 어떻게 저축을 해서 그 돈을 모았겠습니까? 이해할 수가
없습니다. 몇 억을 투자해서 총회장 1년을 하는 것인데, 총회장 1

년 하고 천당을 안 가시려고 그러시는건지 모르겠습니다. 저도 총
회 농촌부에 조금 관여해봤습니다만, 요즘은 일이 바빠 관여를 못
하다가 얼마 전 선거하는 데 따라가 보았습니다. 그런데 그때 그
선거에서 총대의원들이 10만원짜리 수표 한 장에 표가 왔다갔다하
는 것을 보고 두손 들고 말았습니다.

　이것은 바로 진실성의 문제입니다. 여러분은 그런 못된 정치에
따라가지 말기 바랍니다. 진실성의 문제는 심각합니다. 위선과 거
짓이 교회 내에 있으면, 교회만의 문제가 아니라 나라의 장래가 걱
정됩니다. 예수님이 그 점에 대해서 얼마나 신랄하게 말씀하셨습
니까? 마태복음 23장 26절을 보겠습니다.

"소경된 바리새인아 너는 먼저 안을 깨끗이 하라 그리하면 겉도
깨끗하리라."

　안을 먼저 깨끗이 하라는 말씀입니다. 어느 시대 어느 사회나 안
은 무엇이고 겉은 무엇입니까? 종교가 안이고, 정치·경제는 겉
인 것입니다. 교회와 종교가 먼저 깨끗해지고 정화되면, 정치·경
제는 뒤따라온다는 것입니다. 여러분, 신학교 출신들이 민주주의
안하는데, 육사 출신들이 민주주의 하겠습니까? 안이 먼저 깨끗
해지면 겉은 뒤따라 깨끗해지는 것이 만고불변의 진리입니다.

　우리가 역사공부를 해보면 어느 시대든 그 시대의 종교가 건전
하면 그 사회가 건전해지는 것입니다. 그래서 문화사를 공부할 때
는 그 시대를 정치로 진단하는 것이 아니라, 그 시대의 주 종교가
어떠하였냐는 것으로 그 시대의 정신상태, 백성들의 삶의 질을 판
단하는 것입니다. 어느 사회나 그 사회의 교회가 발전한 만큼 그
사회가 발전합니다.

또 하나 알아야 할 것은, 어느 교회든지 그 교회의 목사님, 장로님, 지도자들의 수준만큼 발전합니다. 목사님, 장로님 수준 이상으로 올라가는 교회는 절대로 없습니다. 그러니 우리가 어느 시대에나 교회가 깨끗해야 하고, 그 교회를 이끌어가는 성직자, 장로님, 지도자들이 분명한 신념과 분명한 사상과 확신이 있어야 합니다.

2. 물량주의적 목회

두번째는 너무 물질을 내세워 물량주의적인 목회를 한다는 것입니다.

하나님의 일에도 물질이 필요합니다. 그러나 은혜, 진리보다 물질이 앞서버리면 벌써 예수님의 교회이기를 그만 둔 것입니다. 목회자들이 너무 물질을 내세웁니다.

제가 아는 교수님 한 분을 전도해서 영동에 있는 한 교회에 다니시게 했는데, 한 6개월 다니신 후에 천주교로 가버리셨습니다. 그래서 제가 그 이유를 물었더니, 교회가 나가니까 너무 물질을 내세워 거부감을 느껴서 못 나가겠다고 하시더군요. 너무 물질을 내세워 거부감을 느낀다는 그분을 이해할 수 있었습니다. 예수님을 바로 깨닫게 하고, 은혜를 받고, 진리의 확신에 거하면 물질이 문제가 아니라 목숨까지 바치는 것이 신앙입니다. 그런데 예수님은 안 전하고, 진리는 바로 전하지 않고 자꾸 물질을 강조하니까 교인들이 그 속에서 얼마나 갈등하고 있는지 모릅니다.

3. 비민주적 체제

세번째 한국교회의 문제점은 교회 안에 민주적인 풍토가 너무도 없다는 것입니다. 교회가 파쇼체제인 것입니다. 무조건 믿으라고 합니다. 너무 교회가 민주적인 대화와 인격의 존중이 빠져있습니다. 교회 안에 평등과 정의와 민주주의가 없는데, 어떻게 세상에 그것을 요구하겠습니까?

제가 한 1500명 모이는 모 교회에서 집회를 하다가 그 교회의 안좋은 면을 한 가지 보고서는 그 교회의 장로님들에게 그것을 말씀드렸습니다. "이거 안되겠습니다. 강사 데려다가 아무리 집회를 해도 이것을 안 고치면 구조상 성령님께서 역사하실 수가 없습니다" 이렇게 말씀드렸습니다. 말할 것은 다 말해야 하는 것이 또 저의 은사가 아닌가 싶습니다.

문제는 바로, 그 교회의 당회장 목사님은 사례비가 200만원인데 사찰집사님은 25만원을 받는다는 것입니다. 사찰집사님은 자녀도 한 명이 더 많은데 목사님은 200만원, 사찰집사님은 25만원이라는 것이 납득이 안됩니다. 왜냐하면 목사님도 사찰집사님도 교회에서 전임(full time)으로 일하는 하나님의 일꾼입니다. 다같은 하나님의 종입니다. 다만 역할이 다릅니다. 기능이 다르다고 해서 200만원 받고 25만원 받는 것이 성경적으로 마땅하지 않다는 것입니다. 왜냐하면 이것은 대기업의 사장 대 수위가 아니기 때문입니다. 이것은 자본주의 상업사회가 아니고, 성령공동체로 다같이 주님을 섬기고 살아가는 사명자들인 것입니다. 목회자는 설교하고 치리하는 종이고, 사찰집사님은 청소하고 관리하는 종입니다. 교회버스 운전하는 분은 운전하는 종입니다.

우리가 꼭같은 금액을 받자는 것은 아닙니다. 그것도 불합리합니다. 목회자들은 체면유지비, 도서비 등 남모르게 나가는 돈이 많습니다. 그러니까 차이가 있는 것은 당연합니다. 그런데 200만원 대 25만원은 너무한 것 같습니다. 이런 구조 속에서 아무리 성령부흥회하고 해봐야 성령께서 역사하실 수가 있겠습니까? 이런 구조는 고쳐야 합니다.

공산주의 사회에서는 전부 '동무' '동무'하고 평등사회를 주장합니다. 우리 윤리가 공산주의보다 더 나아야 하지 않겠습니까? 우리의 평등과, 우리의 정의와, 우리의 민주적 내용이 공산주의, 사회주의보다 훨씬 더 앞서야지, 그 사람들보다 뒤떨어지면 복음이 역사하는 길이 막히게 되는 것입니다.

4. 무속신앙적 복음

네번째로 살펴볼 것은 복음과 무속신앙이 뒤섞여버린 것입니다. 무속신앙과 복음이 뒤섞여서 어디까지가 목사님이고 어디까지가 무당인지 분간을 못하게 되었습니다. 분명히 목사님과 무당은 달라야 하는데, 복음 전하는 목사님과 병 고치고 복 빌어주는 무당이 비슷해져버린 것입니다. 이것이 한국교회가 선교 2세기를 들어가면서 빨리 고쳐야 할 핵심적인 문제입니다. 하루속히 우리 한국교회 속의 비복음적인, 무속적인, 무당적인 요소를 제하고 복음자체를 드러내게 해야 합니다. 그래서 선교 2세기를 들어가면서 우리 한국교회가 이 백성들 속에 뻗어나가야지 그냥 놔두면 곤란합니다.

무속적인 신앙과 복음적인 신앙이 어디서 갈라집니까? 무속신앙의 세 가지 특징을 들어보면 분명해집니다. 무속신앙, 샤마니즘, 무당신앙의 3대 특징을 살펴서, 우리 교회 안에 들어와 있는 세 가지를 빨리 정리해야 합니다. 첫번째, 치병, 기복신앙입니다. 병 고치는 것과 복 비는 것입니다. 우리 복음의 능력에도 병 고치는 것이 당연히 들어있습니다. 저도 예수님 영접하고 은혜받기 전에 신경성 위장병, 노이로제, 불면증 등 여섯 가지 병이 있었습니다. 예수님을 영접한 후에 제가 기쁘고 감격해서, 간증하고 노방전도하고 복음전하고 성경읽고 했는데 한번도 불면증이나 위장병 고치게 해달라고 기도한 적이 없었습니다. 그럼에도 불구하고 어느 날 깨닫고 보니까 불면증이고 위장병이고 다 없어져 버렸습니다. 복음 속에 그 능력이 들어있었습니다. 복음을 깨닫고 나니까 불면증도 소화불량도 다 없어져버린 것입니다. 복음 속에는 병 낫는 능력이 들어있습니다. 그러나 병 낫는 걸 너무 내세워버리면, 그것이 복음의 자리에 대신 앉아버리게 됩니다.

세계에서 유명한 병 고치는 분이 우리나라에 있습니다. 기도로 병 고치는 분입니다. 제가 한 번 집회를 갔다가 "오늘 이 자리에 암 환자 둘 나았습니다"라고 기도하는 것을 들었습니다. 여기까지는 좋았습니다. 암은 병원에서 못 고치니까 성령의 능력으로 암을 고치면 얼마나 좋습니까? 그런데 그 다음에는 "무좀 환자도 나았습니다"합니다. 무좀 정도는 약바르면 될텐데 성령의 능력을 구해야겠습니까? 성령님이 발가락의 무좀 고치러 오신다니 너무 곤란한 일이지 않습니까? 너무 병 고치는 것을 부각시켜서 옛날의 무당이 귀신 쫓아주는 것, 병 고쳐주는 것, 복 빌어주는 것, 그걸로 수천년 동안 민중들을 대상으로 역할을 해왔듯이 우리 복음이 그 수준에 머물러서야 되겠습니까? 성경말씀에 축복의 말씀이 창세기부터 계시록까지 다 들어있습니다. 그러나 무당들이 복 빌어주는 것하고 예수님이 가르치시는 것은 질이 다르지 않습니까? 분명히 그것을 인식해야 합니다.

무당이 복 비는 것은 성령받고 예수믿어 잘 먹고 잘 사는 것입니다. 사업 잘 되고 뭐 잘 되고 등등 잘 되는 얘기만 합니다. 저는 별로 거기에 공감하지 않습니다. 과연 성령받고 충만해져 다 잘되느냐? 천만의 말씀입니다. 은혜생활을 깊이 안해본 사람이 거기에 공감하지 신앙생활을 깊이 해본 사람이 누가 거기에 공감을 하겠습니까? 예수님이 가르치시는 축복과 무당의 축복과는 질이 다릅니다.

　예수님이 우리에게 가르치시는 것은　예수믿고 성령받아 잘 먹고 잘 사는 것이 아닙니다. 마태복음 5장 말씀처럼 '의를 위하여 핍박 받는 자는 복이 있나니'입니다. 잘 먹고 잘 사는 것과는 다릅니다. 의를 위해 핍박받고, 하나님의 나라를 땅 위에 이루기 위해서 핍박받고 고생하고 멸시당하고 고통받는　그 사람이 축복이 있다는 것입니다. 그러니까 우리가 신앙생활을 진리의 기준으로써 해야지 세상적인 것으로 하면 기독교가 기본이 흔들리지 않겠습니까? 한국교회는 축복관이 바로 정립이 되어야 합니다. 큰 교회일수록 잘못된 축복관을 가르칩니다. 축복관이 바로 잡혀야 합니다.

　무속신앙의 두번째 특징은　비윤리성입니다. 윤리관이 분명치 않은 것입니다. 무당들은 복채 놓으면 귀신 쫓아주고 복 빌어줍니다. 설교자는 그러면 안됩니다. 설교자는 자기가 설교하는 만큼 윤리의 뒷받침이 분명히 뒤따라야 합니다. 성령받은 사람은 윤리적 책임이 뒤따릅니다.

　제가 장로회신학대 들어가서 첫학기 시험보고 제일 놀란 것이 동료학생들 사이에 컨닝하는 사람이 많다는 것이었습니다. 왜 신학생들이 컨닝합니까? 신학생들이 컨닝하면 참 문제입니다. 천국 갈 때 컨닝해서 갈 수 있습니까? 자기 공부를 못했으면 백지를 내지 왜 컨닝을 합니까? 이것은 신앙의 기본적인 문제입니다. 그런데 이상하게도 컨닝하는 사람들 중에 더러가 방언하고, 신학교 뒷산에 가서 중풍환자처럼 떨고 "주여 주여" 방언하며 진동을 해서 참 이상했습니다. '컨닝하는 은사를 받았나?'하고 생각되어지기도 했습니다. 밤새 방언하고 철야기도하는 것과 시험칠 때 컨닝하던 것이 잘 연결이 되지 않았습니다.

　제가 졸업을 하고 10년 후에 우리 동료들이 도고호텔에 모였었는데, 동료 중 한 분이 물었습니다. "참! 김 목사 이상하다" "왜?" "컨닝파들이 다 큰 교회 당회장이 되었잖아?" 그러자 그 옆에 계시던 분이 "그건 성경적이야"하고 말했습니다. 그 이유를 물었더니 그분이 "성경 말씀에 '죄 많은 곳에 은혜 많다'고 하셨잖아"라고 하시더군요. 그래서 신학교를 컨닝으로 졸업하신 분들이 큰 교회의 당회장이 되셨다는 겁니다.

신앙에는 윤리가 뒷받침되어야 합니다. 목회자들이 그래서야 되겠습니까? 여러분은 컨닝하지 마십시오. 지금까지 했던 것은 예수님께 죄송하다고 자복하고 앞으로 하지 말기 바랍니다. 우리의 신앙은 윤리적 책임이 뒤따라야 합니다.

무속신앙의 세번째 특징은 역사성이 없다는 것입니다. 역사에 대한 책임, 민족에 대한 책임, 사회정의에 대한 책임, 무당은 그 말을 안합니다. 복 빌어주고, 귀신 쫓고, 복채 받는 것 뿐이지 무당이 무슨 사회적 책임, 민족에 대한 책임, 애국심을 말하지 않습니다. 그런데 한국교회는 무속신앙의 영향이 너무 깊이 들어와서 치병, 기복신앙을 너무 내세우고 윤리성이 없고 역사의식이 결여되어있습니다. 교회는 커지고 교인은 많아지는데 이 사회의 복음적인 교회로서의 영향력을 발휘하지 못한다는 것입니다. 우리가 무슨 교회갱신이다, 이렇게 크게 나갈 것이 아니라, 우리 한 사람 한 사람이 그 문제에 대해 분명한 소신을 가져야 합니다. 교회갱신이라고 몇 년간 요란했지만 뭐 갱신된 것이 있습니까?

교회갱신은 요란한 구호로 나갈 것이 아니라 우리 교역자 한 사람 한 사람, 신학도 한 사람 한 사람이 자기가 할 수 있는 것, 가까운 것부터 해야 합니다. 컨닝문제부터, 그리고 거짓말하는 문제, 진실성의 문제, 다 이런 데서부터 교회갱신이 시작되어야 합니다. 구호는 요란한데 실질적으로 고쳐나가는 것이 없으면 교회갱신이 어려워집니다.

근본적으로 잘못된 전통, 잘못된 현실을 어디서부터 고쳐야 하는가를 베드로전서 1장 18절, 19절 말씀에서 보겠습니다.

"너희가 알거니와 너희 조상의 유전한 망령된 행실에서 구속된 것은 은이나 금같이 없어질 것으로 한 것이 아니요 오직 흠 없고 점 없는 어린양 같은 그리스도의 보배로운 피로 한 것이니라."

우리 조상때부터 내려오는 망령된 행실, 교회를 병들게 하고 백성들을 병들게 하는 그릇된 전통, 그릇된 행실을 고칠 수 있는 것은 세미나나 구호 같은 것에서가 아니라 그리스도의 보배로운 피로부터, 흠없고 점없는 어린양 그리스도의 피에서부터 시작해야지 않겠습니까? 그 피의 복음, 진리의 말씀에서부터 우리가 개혁을 해나가야 합니다.

개혁의 사람 느헤미야

느헤미야는 진정한 개혁의 사람이었습니다. 왜 개혁의 사람이냐? 개혁의 사람 느헤미야는 이스라엘 역사가 병들고 종교가 병들었을 때에 하나님의 말씀으로 그 시대를 개혁했던 성공사례의 주인공입니다. 오늘 우리 한국의 크리스천들과 한국의 신학도들이 느헤미야서를 시대와 역사를 개혁하는 교재로 선택해야 한다고 저는 생각합니다.

여러분, 제가 교회개혁만 말하는 것이 아닙니다. 교회개혁이 아니라 이 시대와 역사의 개혁입니다. 백성들의 삶의 개혁입니다. 저는 목사이면서도 우리들 목회자들의 사고방식이 너무 교회 안에만 매여있다는 것을 지적합니다. 교회만 커지고 교회만 부흥되면 끝나는 것처럼 착각합니다. 정말 착각입니다. 교회만 커지고 교회만 부흥된다고 됩니까? 무엇을 위한 교회입니까? 무엇때문에 교회가 부흥되어야 합니까? 병든 역사를 개혁하고, 한 많고 설움 많은 백성들의 삶을 바꾸는 그 개혁이 되어야 합니다. 너무 우리의 사고방식은 교회 안에만 머물러있습니다. 우리 그러지 맙시다. 이 백성들의 삶을, 역사를 개혁시키는 데에 쓰임받는 교회가 되자고 생각합시다. 그런 점에서 이스라엘 역사가 병들었을 때에 그 역사를 바로잡았던 개혁의 사람 느헤미야와 느헤미야서는 얼마나 중요합니까? 느헤미야서 1장 3절에서 느헤미야는 이스라엘 역사의 병들었던 현실을 직면합니다.

> "저희가 내게 이르되 사로잡힘을 면하고 남은 자가 그 도에서 큰 환난을 만나고 능욕을 받으며 예루살렘성은 훼파되고 성문들은 소화되었다 하는지라."

느헤미야의 다섯 가지 행동

개혁의 사람 느헤미야는 이스라엘 역사가 병들고, 백성들이 초상집의 개처럼 헤매고 다니는 현실에 직면했습니다. 그 어려운 민족적 어려움에 직면해서 느헤미야는 무엇을 했습니까? 느헤미야서 1장과 2장에서 느헤미야가 자기 백성들의 민족의 역사를 개혁하기 위해서 취했던 행동 다섯 가지가 나옵니다. 여러분은 그 느헤미야의 다섯 가지 행동에 주목하시기 바랍니다. 첫번째는 4절 말씀에 있습니다.

> "내가 이 말을 듣고 앉아서 울고 수일 동안 슬퍼하며 하늘의 하나님 앞에 금식하며 기도하여."

1. 금식과 기도

첫번째는 무엇입니까? 금식하며 기도하는 것부터 했습니다. 하나님의 역사가 백성들의 삶을 바로 잡으려면 하나님의 사람은 금식하고 기도하는 데서부터 시작해야 합니다. 우리가 착각하는 것은 기도없이 무엇인가를 할 수 있다는 것입니다. 정말 착각 중의 착각입니다. 절대로 기도 없이는 아무것도 변화될 수 없다는 것을 알아야 합니다. 교회부흥도, 이 시대의 변화도, 백성들의 역사의 개혁도, 하나님의 사람이 금식하고 울며 기도하는 것 없이는 절대 이루어질 수 없습니다.

여러분은 우리나라가 어려워졌을 때에 금식기도 했습니까? 박종철 군 사건이 났을때, 전두환 대통령이 4·13 호헌선언 발표했을 때에, 우리나라의 운명이 어떻게 되는가 백성들이 탄식할 때 금식하며 기도했습니까? 금식하셔야 합니다. 속이 컬컬해서 한끼 굶는 것은 잘 굶는데 나라 위해서, 백성들의 운명을 위해서 하나님의 종들이 금식하며 기도하지 않습니다. 그러니까 우리 역사가 변하지를 않습니다. 느헤미야는 금식하며 울며 기도하는 것부터 했습니다. 저는 바쁘게 다니니까 기도하는 시간이 점점 줄어져서 제가 영적으로 대단히 손해보는 것을 느끼고, 어떻게든지 집회를 좀 덜 나가야겠다고 신경을 쓰고 있습니다.

얼마전에 한 똑똑한 청년 한 분이 저에게 이렇게 질문하더군요. "목사님, 십일조 하십니까?" 질문이 좀 엉뚱해서 "왜 그런 걸 묻냐?"고 했더니 청년은 "목사님, 우리 평신도들은 물질로 십일조 헌금을 드리는데, 목사님 재물은 없으실테니까 재물 대신에 시간의 십일조를 하십니까?"하더군요. 무슨 말이냐고 다시 묻자, 하루 24시간 중에서 십분의 일을 경건의 시간을 위해서, 주님 만나고 주님과 교제하는 시간을 위해서 십일조로 바치느냐는 것이었습니다. 설교준비 하는 것말고, 강대상에서 기도하는 것말고, 개인적으로 주님과 목사님 사이에 시간의 십일조는 하냐고 하더군요. 이 질문에 제가 가만히 생각해보니까 어림없었습니다. 바쁘게 다니느라 기도를 못했습니다. 제가 옛날에 이렇게 이름이 나기 전에, 불려다니기 전에는 우리 교회 교인들을 위해서는 새벽에 강대상 밑에 앉아서 새벽마다 쭉 기도했는데, 바빠지면서 기도를 못합니다. 피곤하고 지친다고 기도를 못합니다. 그러니까 십일조가 다 뭡니까? 여러분, 아무리 바쁘더라도 주님 앞에 시간의 십일조를 드릴 수 있기를 바랍니다. 유명한 요한 웨슬리는 일정이 바쁜 날은 기도를 더 오래했다고 합니다. 그래서 비서들이 기도실 밖에서 안절부절 하며 기다리다가 오랫동안 기도를 하고 나온 그에게 항의 비슷한 것을 했다고 합니다. "선생님, 오늘은 스케줄이 바쁜데 어찌 이렇게 오래 기도하십니까? 일정표가 뒤틀어집니다." 그랬더니 웨슬리가 심각하게 얘기하면서 "이 사람들아 무엇때문에 바쁜가? 도대체 무슨 일을 하려고 그렇게 바쁜가? 바쁠수록 기도를 더 해야 그 더 바쁜 것을 감당할 수 있지 않겠나"했다고 합니다. 그런 이야기가 웨슬리의 일지에 기록되어있습니다. 얼마나 중요한 말씀입니까? 거기에 비하면 우리 같은 사람은 터무니없습니다. 바쁘다고 기도생략, 말씀묵상 생략, 그냥 건너 뛰어버리는 것입니다. 그러니까 되는 일이 없습니다. 잘 돼나가다가 시끄럽기만 하지 소출이 없습니다. 기도생활이 없어서입니다. 느헤미야는 민족적인 절망적 상태에 부딪혀서 울면서 금식하며 기도부터 했다는 것을 여러분, 명심하시기 바랍니다.

2. 회개

두번째 느헤미야가 자기 백성들의 그 불행에 직면해서 취했던 행동은 1장 6절 말씀입니다.

"이제 종이 주의 종 이스라엘 자손을 위하여 주야로 기도하오며
이스라엘 자손의 주 앞에 범죄함을 자복하오니 주는 귀를 기울이
시며 눈을 여시사 종의 기도를 들으시옵소서 나와 나의 아비 집이
범죄하여."

느헤미야는 자기 죄와 자기 아비 집의 죄를 먼저 회개했습니다.
자기 회개부터 먼저 했습니다. 우리는 너무 다른 사람 탓으로 돌립
니다. 우리는 너무 다른 사람에게 책임을 돌립니다. 그러나 우리
하나님의 일꾼들은 모든 일의 책임을 자기에서부터 시작해야 합니
다. 내 탓이라고 자기 회개와 자기 아비 집의 회개부터 해야 합니
다. 여러분, 우리나라 광주사태는 아주 비극적인 역사의 상처인
데, 지금 그것을 풀려고 보니까 책임지려는 사람이 아무도 없습니
다. 저는 맨 먼저 교회가 책임져야 한다고 생각합니다. 교회가 회
개하는 것부터 해야 합니다. 자기 회개, 우리 교회 스스로의 회개
가 없으면 정치도 경제도 바로 서지를 못합니다. 우리 크리스천은
자기 회개부터 시작을 해야 합니다.
　저는 농촌목회를 하는데, 우리 교회 중에 어느 집에서 밤중에 돼
지를 낳다가 새끼가 다 죽어버리는 경우에는 괜히 가슴이 철렁하
고 '내 탓이 아닌가?' '내가 요즘 뭐 잘못한 게 없나?' 생각됩니
다. 나라 문제도 교회 문제도 무슨 문제도 남북통일의 문제도 세계
평화의 문제도 우리는 우리 자신의 회개에서부터 시작해야 될 줄
로 믿습니다. 제가 남양만에서 선교를 하다가 크게 실패를 했습니
다. 일억 사천만 원이 넘는 빚을 지고, 주일예배에서 제가 설교를
하는데 교인보다 빚쟁이가 더 많아졌습니다. 교인들은 앞줄에 몇

명 앉았는데, 빚쟁이들은 뒤에 죽 신발신고 들어와서 설교시간에 줄담배를 피우면서 제가 설교를 하면 "김 목사, 말은 잘하는데 빚을 갚아야지"합니다. 제가 또 기도하자고 하면 "천당에다 직접 통보하소. 빨리 돈 보내라고 전보치소"하면서 소란을 피웠습니다. 그러니까 무슨 목회가 되겠습니까? 하도 제가 빚을 못 갚으니까, 나중에 빚쟁이들 열댓 명이 저를 번쩍 들어서 동네 복판에 세워놓고 동네 부녀자들을 다 모아서 "이 사기꾼 목사 버릇 들입시다"하면서 옷을 전부 벗겼습니다. 제가 교인들, 부녀자들 앞에서 옷이 다 벗겨졌던 사람입니다. 얼마나 창피하고 답답한지 죽어버리고 싶은 마음 밖에 없었습니다. 저도 자존심이 있고 인격이 있는데, 목사가 선교하다가 빚지고 실패해서 동민들 앞에서 인민재판도 분수가 있지, 옷을 벗기다니 어떻게 되겠습니까?

평생 갚아도 목회자 월급 십만 원으로 갚지도 못할 것이고, 앞으로 어떻게 이 수모를 다 당하고 살까 생각을 하다가, 그날 밤 바다를 막은 둑에 서서 신발을 벗었다가 신었다가를 대여섯 번 했습니다. 신발벗을 때는 바닷물에 들어가버리려고 벗는 것이고, 신을 신을 때는 또 그럴 수 없어서 신고……. 이렇게 대여섯 번을 하다가, 하늘의 달을 보며 한숨을 쉬며 제가 다시 신발을 신고 기도실에 들어갔습니다. 세상줄 다 막힌 뒤에, 동서남북 세상줄 막힌 뒤에, 남은 길이 어디 있습니까? 위로 통하는 길 하나밖에 없습니다. 제가 기도실에 들어가서 문을 안으로 잠그고 집사님께 "제발로 나오지 전에는 나를 찾지 마시오. 제가 예수님 만나보기 전에는 죽지도 살지도 못합니다. 이런 수모를 당하느니 차라리 기도하다가 죽어버려야지, 내 힘으로 목숨끊을 수도 없고 안되겠습니다"라고 말씀드리고 기도실에 앉아서 햇빛이 들어오니까 문을 담요로 막고 창은 방석으로 막아버렸습니다. 그리고 금식기도를 했습니다. 옛날 히

스기야 왕이 병들어 죽게 되었을 때에 낯을 벽으로 향하고 눈물로 통곡하며 기도했더니 하나님이 그 기도를 들으시고 그 수명을 15년을 연장을 해주셨다는데, 제가 히스기야 왕보다는 못해도 저도 죽겠으니 기도를 들어달라고 했습니다.

"주님, 제가 빈민들에게 복음 전한다고 빈민촌에 들어가서 10년 넘는 세월을 땅 한 평을 차지했습니까? 돈 만원을 저축했습니까? 제대로 못했을지라도 한다고 했는데 주님 일꾼을 이렇게 무참하게 수모당하게 하십니까? 차라리 저를 하늘나라로 데려가 주십시오."

닷새를 금식기도 하고 난 후 응답을 받았습니다. 로마서 8장 12절, 13절 말씀을 보겠습니다. 말씀 한 절에 제가 다 빚갚게 되고 새로운 은혜받고 제 목회가 변했습니다. 그래서 우리 활빈교회의 목회는 로마서 8장 12절, 13절 말씀 이전의 시절과 이후의 시절 둘로 갈라집니다.

"그러므로 형제들아 우리가 빚진 자로되 육신에게 져서 육신대로 살 것이 아니니라 너희가 육신대로 살면 반드시 죽을 것이로되 영으로써 몸의 행실을 죽이면 살리니."

기독교는 '그러므로'의 종교라고 부릅니다. 영어로는 therefore 입니다. therefore의 신앙이라고 합니다. 왜 '그러므로'의 종교냐? 불교에는 '그러므로'가 없습니다. '그러므로' 앞에 우리들의 신앙고백이 있습니다. "예수님께서 네 죄를 씻기 위해서 죽으셨으므로…." '그러므로'입니다. "나를 위해서 죽으신 예수님께서 죽으시고 묻히시고 부활하셨으므로…." '그러므로'입니다.

"형제들아 우리가 빚진 자로되" 우리는 다 빚진 자입니다. 복음의 빚이 있고 예수님의 공로의 빚이 있고, 저는 일억 사천만 원 현찰의 빚이 있었습니다. "그러므로 김진홍 목사야! 네가 일억 사천만 원 빚진 목사로되." 제가 닷새동안 금식하면서 기도하면서 탄식하며 예수님을 원망했는데 그 다음 말씀을 읽고 제가 왜 빚졌는지 깨달았습니다. 성령님께서 영으로 깨닫게 해주셨습니다. "네가 왜 빚졌느냐? 육신에 져서 육신대로 살았고 그러므로 김진홍 목사야 네가 일억 사천 빚진 목사로되." 왜 빚졌다고 했습니까? 육신에게 져서 육신대로 살았기 때문입니다. 저는 너무 잘나서 너무 똑똑해서 아무것도 아닌 나 자신을 잘난 걸로 착각해서 성령님의 능력을 의지하지 아니하고, 영적으로 목회하지 않았습니다. 이리뛰고 저리뛰고 뛰어다니면서 주민조직이다, 소득증대다, 농민들 인권운동이다 하여 밤낮 뛰어다녔습니다. 기도 안했고, 말씀묵상도 안했습니다. 성령님의 능력에 의지하지 않았습니다. 그러니까 무슨 영력이 있겠습니까? 육신에게 져서 육신대로 살았습니다.

우리 교회 권사님 한 분이 저에게 "목사님, 목사님 만나기가 청와대 대통령 보기보다 더 힘드네요. 목사님은 소 목사입니까? 사람 목사입니까?" 하시길래, 왜 그러시냐고 물었더니 "목사님, 매일 소 들여오는 것, 공장하는 것 하느라고 교인이 목사님 만나기가 이렇게 힘들어서 어떡하시려고 그러십니까?" 하시더군요. 그래서 제가 "권사님, 이번 소 문제만 끝나면 사람 목사로 돌아갈테니까 조금만 기다리십시오" 그랬더니 권사님께서 "목사님, 정신차리십시오. 이번 소일 끝나기 전에 하나님이 치실 겁니다" 하시더군요. 그런데 정말 하나님께서 저를 사랑하시기 때문에 저를 채찍질하셨습니다.

저는 너무 신령하지 못했습니다. 너무 기도하지 않았고 너무 제 재주와 제 능력으로 뛰어다녔습니다. 그래서 제가 남양만에 세운 교회가 일곱 교회인데, 일곱 교회 중에 한 전도사님이 저에게 "목사님, 주의하십시오. 남양만의 주민들이 예수님 믿습니까? 목사님 믿지요" 하시길래, 농담마시라고 하니 "아닙니다. 남양만 주민들은 예수님이 못하시는 일도 김진홍 목사는 할 수 있다고 믿습니다"하고 말씀했습니다. 그때 제가 영적으로 깨달았어야 하는데 그냥 지나쳐버렸습니다. 도저히 가망이 없으니까 예수님께서 채찍으로 치셨다는 것을 깨달았습니다. 육신에게 져서 육신대로 살았기 때문에 제가 죽게 된 것입니다. 그래서 제가 문제는 경제문제가 아니라 영적인 문제라는 것을 깨달았습니다. 그러나 깨달았다고 빚이 없어집니까? 산더미 같은 빚은 남아있는 채, 로마서 8장 13절 속에 빚 갚는 길이 다 들어있었습니다.

'네가 육신대로 살면, 네 능력과 네 재주대로 살면 네가 반드시 실패할 것이로되 김진홍 목사야, 네가 내 성령의 힘에 의지하지 아니하고 네 방식대로 목회하면 반드시 실패할 것이로되 영으로써 몸의 행실을 죽이면 살리라. 신령한 목사가 되어서 주님의 힘에 의지하고 주님의 종이 되어서 내 양떼를 머슴같이 지성으로 돌보는 내 능력을 네가 의지해라. 그러면 네 목회가 다시 살아날 것이다.'

제가 이렇게 깨달았습니다. 그래서 제가 무릎을 꿇고 회개했습니다. 예수님 앞에 회개했습니다. "예수님 제가 잘못했습니다. 주님의 종을 사칭했습니다. 주님의 이름을 걸어놓고 내 꿈과 내 야심과 내 수단과 방법, 내 능력으로 뛰어다녔습니다. 주님 저를 용서해 주시옵소서" 회개했습니다.

회개하고 나서 그 다음 주일날 제가 교인들한테 잘못했다고 했습니다. 목회자가 교인한테 잘못했다는 말 하기가 대단히 어렵습니다. 목회자의 자존심이 있어서 30일 굶으라면 굶지, 목사가 교인들 앞에 "제가 잘못했습니다" 그 말이 안 나옵니다. 그러나 성령께서 강권하여 역사하시니까, 워낙 제가 잘못했으니까 교인들한테 제가 잘못했다고 했습니다.

"여러분, 여러분은 저때문에 고생하십니다. 제가 신령하지 못해서 제 목회가 영으로 하질 못하고 사람의 수단과 방법에 의지해서 주님이 저를 보다가 못해 채찍질해서 여러분까지 고생하십니다" 그러자 교인들은 "목사님, 목사님이 무슨 죄가 있습니까? 우리가 잘못 모셔드렸지요" 그러고서는 교인들이 울면서 잘 해보겠다고 하시기에 제가 울면서 부탁했습니다. "다시 시작합시다. 무엇을 먹고 살까? 어떻게 세상에서 잘 살까? 그것만 생각하다가 우리가 이렇게 되었는데 다시 시작합니다. 영으로 기도하고 금식하고, 말씀으로 살고, 우리 다시 시작합시다. 우리 남양만 바다를 막은 소금 뻘밭에서 굶어죽으면 죽어도 주님 의지하고 믿음으로 삽시다. 우리가 실패하고 쓰러져도 우리의 신앙이 이 소금땅에 떨어져서 우리 손자때에 우리 후손들이 은혜로운 교회, 살기좋은 농촌을 이루고 살지 않겠습니까? 우리의 신앙이 이 땅에 밑거름이 되게 합시다" 그랬더니 교인들이 "아멘"으로 대답하고 그날 우리는 "천부여 의지없어서 손들고 옵니다" 그 찬송을 부르는데, 교인들이 감격을 해서 찬송을 부르다가 부르다가 통곡을 해서 축도도 못하고 통곡하다가 예배를 마쳤었습니다.

우리가 회개하고 다시 시작했더니, 그 뒤에 주님께서 일억 사천만 원 빚을 갚아주시는데 봄에 눈녹듯이 갚아주셨습니다. 영적으로 바로 서면 세상에 대한 문제는 주님께서 책임지신다는 것을 확신하시기 바랍니다. 우리가 영으로, 하나님의 종들로서 영적인 문제는 뒤로 제쳐놓고 '요것만 하고 잘 믿어야지' '요것만하고 잘 바쳐야지'하는데, 어렴도 없는 말입니다. 하나님과 나 사이에 영으로 바로 서면, 세상에 대한 문제는 하나님께서 책임지신다는 것을 믿으십니까? 먼저 회개에서부터 시작해야 합니다. 먼저 회개하십시오. 주님 앞에서 여러분이 영으로써 허물과 범한 죄를 회개하고, 영으로써 바로 서면 그 다음부터 시작되는 것입니다. 느헤미야가 그렇게 했습니다.

3. 신앙고백

느헤미야는 세번째 무엇을 했습니까? 1장으로 되돌아가겠습니다. 느헤미야 1장 8절, 9절 말씀입니다.

"옛적에 주께서 주의 종 모세에게 명하여 가라사대 만일 너희가 범죄하면 내가 너희를 열국 중에 흩을 것이요 만일 내게로 돌아와서 내 계명을 지켜 행하면 너희 쫓긴 자가 하늘 끝에 있을지라도 내가 거기서부터 모아 내 이름을 두려고 택한 곳으로 돌아오게 하리라 하신 말씀을 이제 청컨대 기억하옵소서."

느헤미야는 민족적인 비극을 직면해서 역사를 개혁시키는 성공한 사람이 되기 위해서 먼저 신앙고백을 분명히 했다는 것입니다. 어떤 고백이냐 하면, 야훼 하나님이 역사를 주관하시는 주인이라는 고백입니다. 믿고 순종하는 백성은 축복할 것이요, 불순종하는 백성은 세계에 흩으시는 주님입니다. 심판의 주님이시고 사랑의 주님이십니다. 여러분, 역사를 주관하시는 분은 야훼 하나님이십니다. 이스라엘 백성들이 심판을 받아 망하게 된 것은 바벨론 때문이 아니라 백성들의 죄때문이요, 하나님의 법을 어겼기 때문입니다. 심판의 주인이시고, 역사의 주인이신 하나님의 뜻을 어겼기 때문에 이스라엘의 역사가 무너진 것입니다. 여러분, 신앙고백이 먼저 되어야 합니다.

　주님의 일을 이루는데 가장 중요한 것이 무엇인지 아십니까? 두 가지가 분명해야 합니다. 앞으로 목회를 할 때나 선교운동을 할 때나 중요한 두 가지를 분명히 하지 않으면 선교사업이 사업만 남고 선교는 없어져버립니다. 많은 예수님의 일이 일만 남고 예수님은 사라져버립니다. 선교사업하다가 사업만 커지고 싸움만 나고 사람만 버립니다. 중요한 두 가지의 하나는 동질의 신앙입니다. 같은 신앙고백에서 시작을 해야지 이권이나 사업으로 모이면 안됩니다. 그래서 저는 교회연합활동도 좋고 다 좋은데, 원칙으로서 독자노선을 걷습니다. 왜냐하면, 신앙고백이 분명하지 않으면 같이 일해봐야 소란하기만 하고 열매가 없습니다. 동질의 신앙이 무엇입니까? 그리스도를 개인의 구주로 영접한 사람들과의 모임과 역사의 주인이 야훼 하나님이시라는 분명한 고백이 있어야 합니다. 두 번째는 미래의 목표가 분명해야 합니다. 하나의 목표를 가져야 합니다. 목표가 같지 않으면 처음에는 잘 나가다가 일이 잘 되어갈 때는 이권이 달라지고 의견이 달라지고 모처럼 주님의 이름으로 모였다가 싸움이 나고 서로간의 다툼이 생겨버립니다. 그래서 동질의 신앙과 하나의 목표, 이것을 명심하시기 바랍니다.

4. 헌신

네번째는 느헤미야서 1장 11절의 말씀입니다.

"주여 구하오니 귀를 기울이사 종의 기도와 주의 이름을 경외하기를 기뻐하는 종들의 기도를 들으시고 오늘날 종으로 형통하여 이 사람 앞에서 은혜를 입게 하옵소서."

느헤미야는 먼저 주님 앞에서 금식하며 기도하고 자기 죄를 고백하고 신앙고백을 분명히 한 뒤에 그 자리에 앉아있은 것이 아니라 자기 자신을 헌신했습니다. 어떻게 헌신했습니까? 이스라엘의 병든 역사를 바로잡는 일에 자기를 쓰셔서 백성들을 살리는 일에 형통하게 해달라고 자기를 헌신했습니다. 하나님은 100% 바쳐진 사람만 쓰십니다. 하나님은 거룩하셔서 99% 바친 사람은 쓰실 수가 없으십니다.

제가 몇 년 전에 우리 총회 농촌부하고 의논을 해서 장로회신학대학 1학년 5명한테 장학금을 줬습니다. 졸업 후에 농촌에 와서 목회하기로 하고 장학금을 주었는데, 졸업할 때가 되어서 마지막 학기에 부임할 목회지 다섯 지역을 정해놓고 찾아갔습니다.

"그동안 공부 잘 했습니까? 이제 졸업 때가 되었으니까 부임하셔야죠. 제가 몇 교회를 정해놨으니까 고르십시오" 그랬더니 "목사님 사정이 좀 변했습니다"합니다. 제가 '아, 바람들었구나'하고 감을 잡고서 "어떻게 변했습니까?"그랬더니 "목사님, 서울에서 일하기로 했습니다" 대답했습니다. "아 그러십니까? 서울에도 일꾼이 필요하지요. 농촌에만 일꾼이 간다고 되는게 아니니까요. 그러나 1학년때 생각하고는 바뀌셨군요"했더니 "네, 그렇습니다"하고 인정을 하더군요. 본인 스스로 죄송했던지 "목사님 죄송합니다"하길래 "아, 죄송한 게 아닙니다. 변할 수도 있지요" 그랬더니 "목사님 1학년 들어와서는 아골 골짝 빈들에도 이름없이 가서 일하겠다고 했는데요. 가만히 생각해보니까 아골 골짝 빈들에는 사람이 없는데 어떻게 갑니까? 소돔 고모라 같은 도시는 죄는 많지만 사람이 많으니까 소돔 고모라 같은 서울에서 사람 많은 데서 내 역량을 한번 펴보겠습니다"하더군요.

저는 그 말을 탓하는 것이 아닙니다. 우리가 어떤 일에서든 헌신한다는 것이 중요하다는 것을 강조하고자 하는 것입니다. 신학교 졸업을 하면서 주머니에 이력서 가지고 다니며 여기저기 넣고, 어떤 교회의 월급이 더 많냐를 생각하니 창피한 일입니다. 목사 이전에, 전도사 이전에 사나이로서 실격입니다. 자기 소신과 자기 신념에 죽고 살아야지 않겠습니까? '이 일에 내 인생을 건다' 얼마나 당당합니까? 도시에 가든, 공장에 가든, 시골에 가든, 미국 유학을 가든 하나님 앞에 자기 목숨과 생명을 바치는 신념에 헌신할 수 있게 되기를 바랍니다. 느헤미야는 그렇게 했습니다.

5. 준비

다섯번째, 느헤미야는 2장 1절—16절까지를 살펴보면 말씀으로 준비했다는 것입니다. 우리에게는 참 부족한 것입니다. 중요한 것임에도 불구하고 한국인들이 이 점을 가장 못합니다. 여러분, 하나님은 준비된 사람을 쓰신다는 것을 아시기 바랍니다. 저는 느헤미야서 2장에서 느헤미야가 얼마나 철저하게 준비했는지를 보고서 탄복을 했습니다. 느헤미야서를 읽으면서 작년 겨울 흥분했었습니다. 앉아서 읽다가 일어나서 읽고 주먹을 쥐고 벽을 치고 너무 흥분했습니다. 왜냐? 우리 시대에 느헤미야의 말씀은 우리 일꾼들에게 주시는 교과서입니다. 느헤미야는 자기 인생을 걸고 준비했습니다.

저는 신학교나 대학교에 가서 데모하는 학생들한테 데모하지 말라고 합니다. 제가 지난번 연세대에 가서 "여러분 데모하지 마십시오. 지금까지 한 걸로 족합니다"그랬더니 학생들이 "쥐약 먹었다" 그러더군요. 여러분, 저는 그 말을 이해합니다. 제가 약을 먹기는 먹었는데 쥐약은 아니고 신약, 구약을 먹었습니다. 제가 데모하다가 징역 들어가서 신약, 구약 읽고 깨달았습니다. 진짜 해야 할 데모를 깨달았습니다. 여러분, 우리 시대에 해야 할 데모가 무엇입니까? 저는 고린도전서 2장 4절 말씀에서 우리 시대의 크리스천들이, 젊은 청년들이 진짜 해야 할 데모가 무엇인지 깨달았습니다. 그 뒤부터는 저 자신도 데모를 안 했을 뿐 아니라 젊은 청년들 앞에서 데모하는 것을 반대합니다. 데모를 하기는 해야 하는데 데모에도 종류가 있습니다. 가장 중요한 데모부터 해야 합니다. 그것은 성경말씀에 나온 데모입니다.

"내 말과 내 전도함이 지혜의 권하는 말로 하지 아니하고 다만 성령의 나타남과 능력으로 하여."

제가 가지고 있는 영어성경에는 성령의 나타남이라는 말이 'the demonstration of the Holy Spirit' 곧, 성령의 데모라고 번역되어 있습니다. 성령의 데모란, 진리의 영이신 성령을 받아서 진리로 사는 삶입니다. 먼저 우리가 진리로 사는 삶 속에서 삶 전체가 데모가 되어야 하는 것입니다.

제가 LA에 가서 북한에 여러 번 갔다오신 목사님을 만났습니다. 열댓 명 모이는 교회를 가서 예배에 참여했는데 설교자가 '네 이웃을 사랑하라'는 말씀을 본문으로 읽고 설교를 하는데 "여러분, 성경말씀에 '네 이웃을 사랑하라'했습니다. 사랑해야지요. 다 사랑해야지요. 그러나 미 제국주의자를 사랑할 수야 있습니까? 제국주의자는 대갈통을 까부셔야지요" 그러더랍니다.

여러분, 불타는 적개심으로 무엇이 되겠습니까? 느헤미야는 그렇게 하지 않았습니다. 자기 백성을 사랑하는 마음으로 목숨을 걸고 준비했습니다. 그래서 저는 대학생들한테 하나님은 어떤 사람을 쓰시냐? 적개심으로 데모하는 사람을 쓰시는 것이 아니라 준비하는 사람을 쓰신다고 얘기합니다. 데모하는 청년들은 지금 길거리의 주인이 되지만, 미래는 누가 차지하느냐? 준비하는 사람이 차지하는 것입니다. 그래서 청년들한테 진리의 데모를 하라고, 기도실에서 말씀을 앞에 놓고, 도서실에서 미래를 준비하라고 합니다. 그래야 역사의 주인이 되는 것이라고 얘기합니다. 여러분, 캠퍼스에서 진실로 이 교회와 민족을 바로 세우는 일을 준비하시기 바랍니다. 말을 앞세우지 말고 침묵으로 준비하십시오. 주님께서는 준비된 사람을 쓰십니다. 느헤미야는 준비했습니다. 느헤미야서 2장 17절 말씀에 느헤미야가 준비되었을 때에 하나님께서 길을 여셨습니다. 느헤미야서 2장 17절은 이 성경 전체의 핵심의 말씀입니다.

"후에 저희에게 이르기를 우리의 당한 곤경은 너희도 목도하는 바라 예루살렘이 황무하고 성문이 소화되었으니 자, 예루살렘 성을 중건하여 다시 수치를 받지 말자 하고."

느헤미야는 하나님께서 예루살렘 총독으로 길을 여시니까, 백성을 다 모으고 "여러분, 우리 민족이 망한 어려운 처지는 눈으로 보는 바올시다" 설교했습니다. "성문은 불타버리고 성은 무너지고 백성들은 헤매고 다니는데, 예루살렘 성을 다시 세워서 우리 민족, 우리 역사를 다시 우리 손으로 일으킵시다. 그래서 민족의 수치를 당하지 맙시다" 그렇게 말하고서는 18절 말씀으로 결론을 지었습니다.

"또 저희에게 하나님의 선한 손이 나를 도우신 일과 왕이 내게 이른 말씀을 고하였더니 저희의 말이 일어나 건축하자 하고 모두 힘을 내어 이 선한 일을 하려 하매."

우리가 해야 할 사명

느헤미야는 백성들한테 하나님의 선한 손이 자기를 도우신 일과 하나님의 말씀을 전하였습니다. 느헤미야가 전하는 말씀에 가슴이 뜨거워진 백성들이 "일어나서 건축하자" 외쳤습니다. 하나님의 말씀이 백성들 속에 들어가니까 "일어나서 건축하자. 우리 민족, 우리 역사, 우리 교회를 우리가 세우자" 외쳤습니다. 백성들 심령에 말씀이 들어가니까 변화가 온 것입니다. 그전에는 낙심하고 미워하고 싸우고 갈등하던 백성들이 변화한 것입니다. 오늘날 한국 땅에서 우리가 해야 할 사명입니다. 노동자도 농민도 빈민도 군인도 학생도 말씀으로 깨우쳐야 합니다. 바로 '말씀의 의식화'입니다. 우리 한국 땅에서 의식화를 부르짖는 사람들이 있습니다. 운동권 학생들이, 재야세력들이 의식화를 말합니다. 여당에서 의식화를 말합니다. 저는 두쪽 다 인정하지 않습니다. 재야세력 운동권의 의식화는 좌로 치우쳤습니다. 여당의 의식화는 우로 치우쳤습니다. 누가 바로 해야겠습니까? 말씀의 의식화 하나가 남아있습니다.

느헤미야가 말씀으로 예루살렘 시민들에게 의식화를 시킴으로써 백성들이 깨닫고 일어나서 건축하자고 모두 힘을 합쳐서 '조직화'를 이룬 것입니다. 또 힘을 합쳐서 그 역사를 바로잡은 것을 '행동화'라고 합니다.

세 가지가 우리 말씀의 종들을 통해서 이 땅 위에서 일어나야 합니다. 먼저 말씀을 통해서 '복음화'가 일어나야 합니다. 복음화가 없는 의식화는 거짓말입니다. 복음화가 일어나고, 그 복음의 사람들이 그 말씀으로 백성들의 가슴 속에 '의식화'를 일으켜야 합니다. 또 깨달은 백성들이 힘을 합쳐야 합니다. 이것이 '조직화'가 되는 것입니다. 여러분, 악한 사람들은 조직으로 힘을 합쳤는데 선한 백성들은 혼자서 당하기만 했습니다. 악한 무리들이 조직화를 해서 선한 백성들을 괴롭히고 수탈한 역사가 우리 민족의 슬픈 역사입니다. 이제 여러분이 도전하셔야 합니다. 복음의 사람들이, 진리의 사람들이 진정한 의식화를 백성들 심령에 일으켜야 합니다. 그 백성들이 힘을 합치게 해서 이 땅에 진정한 하나님의 나라, 진리의 나라, 성령의 역사가 넘치는 나라를 이루는 일, 이것이 우리 시대의 우리에게 주어진 사명입니다. 여러분들이 그 일에 앞장서는 기수들이 되시기 바랍니다.

대안을 주는 신앙

한국인의 열심

미국에서 나오는 경제잡지 중에 「Phobus」라는 잡지가 있습니다.
얼마전에 특집이 있었는데 The Rising Star라는 제목이었습니다.
'떠오르는 별'이라는 뜻입니다. 그 특집의 내용은 4개의 나라 : 미
국, 독일, 일본, 소련, 이 네 나라가 지금 20세기의 세계를 이끌어
가는 나라라고 쓰고 있습니다. 그런데 21세기가 되면 달라진다고
합니다. 21세기에 가서는 다른 네 나라가 이 세계를 이끌어 가는
선두국이 될 것이라고 했습니다. 21세기를 이끌어갈 그 네 나라는
중국, 인도, 브라질, 한국이라는 것입니다.

　저는 읽고 기분이 좋았습니다. 21세기가 되려면 몇 년 안 남았는
데 한국이 세계를 이끌어가는 네 나라 중의 한 나라가 된다는 것이
얼마나 기분이 좋습니까? 그 잡지의 특집에서는 그 이유를 썼습
니다. 지금 세계를 이끌어가는 네 나라가 21세기에는 왜 기울어지
느냐? 예를 들어 미국의 경우 모든 조건이 좋음에도 불구하고, 미
국이 기울어지는 치명적인 이유는 국민들의 도덕성이 뒤떨어지고
있다는 것입니다. 도덕성이 떨어지면서 경제적 생산성이 뒤떨어지

게 되고 생산성이 뒤지게 되면 자연 국력이 약화되어 21세기가 되면 선진국의 자리를 잃게 된다는 것입니다. 일본은 왜 지금의 경제적 부를 21세기에는 지속하지 못하게 되느냐? 일본이라는 나라의 사회와 경제와 모든 구조가 들어가기만 하고 나오지를 않는다는 것입니다. 그러다보면 나중에 비대증에 걸려서 병적인 결과를 가져온다는 것입니다.

그런 얘기를 쓴 뒤에 다른 네 나라가 왜 21세기에 등장하느냐? 그 이유도 쭉 썼습니다. 한국에 대해서는, 한국은 오랫동안 남북분단 상태에 있고 오랫동안 군부지배에 체제경직과 여러가지 비효율적인 면이 있음에도 불구하고 다른 국민들에 비해 한국국민이 갖는 한 가지 특성이 있다는 것입니다. 그 한 가지 특성 때문에 21세기에는 한국이 세계를 이끌어가는 네 나라 중에 한 나라가 되는 것이라고 했습니다. 그 특성을 영어의 'Hustle'이라는 단어로 표현했습니다. 'Hustle'이라는 단어의 뜻은 '열심', '열기', '깡다구'입니다. 한국사람이 가지는 '열심' 그것이 세계 다른 나라 국민이 가지지 못하는 한국사람의 특성이라는 것입니다. 그 'Hustle' 때문에 21세기는 한국인이 세계를 끌어가는 주도권을 쥐게 된다고 썼습니다. 일리있는 얘기입니다. 우리 국민들이 얼마나 열심히 삽니까? 대단한 '열심'입니다. 우리도 미처 몰랐는데 외국의 경제전문기자가 한국인의 '열심'이 민족발전을 이루어나갈 특성이라고 평가를 해주었습니다.

일본에 있는 친구 목사님이 한국에 와서 관광을 하는데 관광안내를 좀 해달라고 했습니다. 저는 경주나 설악산으로 안내를 해달라고 할 줄 알았는데, 그 일본 친구는 남대문 시장에 좀 안내해달라고 부탁했습니다. "너희 나라에는 시장이 없냐? 어떻게 시장에 관광을 갈려고 하나?" "한국 남대문 시장, 동대문 시장이 세계적으로 유명한 관광지인지 모르냐?" "뭐가 그렇게 관광지냐? 물건이 좋나? 왜 그렇지?"하고 물었더니 동대문 시장, 남대문 시장이 물건 때문에 관광지가 아니라 시장에서 물건파는 상인들이 아침부터 저녁까지 소리지르는 것이 관광이라고 하더군요. 어느 나라 사람들이 그렇게 아침부터 하루종일 소리를 지르겠습니까? 1년 내내 소리를 질러도 어떻게 목이 그대로 남아있는지, 그것이 한국사람의 '열심'입니다. 제가 일본 가서 한 세일즈맨을 만났는데, 이 해외영업담당이사가 저한테 한국목사라니까 혀를 내두르더군요. 자기는 한 30년 지나면 일본이 한국한테 뒤질거라고 확신한다면서 자기 경험을 얘기했습니다. 사우디아라비아에서 자기가 세일즈하는데 그 사우디아라비아 귀족 한 사람을 아침부터 저녁까지 온갖 아양을 떨어서 설득하고 커미션(Commision)을 주고 계약을 했다고 합니다. 계약서 다 만들고 사인만 내일 아침에 하기로 하고 기분이 좋아서 밤에 푹 자고 아침에 갔더니 그 사람이 밤중에 딴 사람하고 계약을 했다 하더랍니다. 알아보니까 한국 세일즈맨이 만나서 밤새도록 물고 늘어졌던 것이었답니다. 자기가 다 해놓은 것을 한국상인이 밤에 잠 안자고 매달려서 빼앗았다고 합니다. 한국 세일즈맨은 노동조건도 없고, 시간도 없고, 그 열심에 당할 재주가 없더라는 겁니다. 이것이 한국인의 '열심'입니다.

비전을 달라는 부르짖음

데모하는 학생들 보면 세계에 그런 대학생들이 없습니다. 화염병 던지고 판문점으로 돌진하는 것의 옳고 그름을 떠나서 지금 이 세계에 청년 학생들이 민족과 백성을 위해서 그만큼 열심을 가지고 목숨을 내놓고 나서는 데가 어디 있습니까? 전 세계에 없습니다. 이것을 국력이라고 합니다. 우리 기성세대가 청년들한테 미래의 비전을 주

고 다른 미래에 대한 희망을 보여주면 그 청년들의 열심이 민족발전
으로 뻗어나가게 됩니다. 그런데 워낙 어른들이 시원치 않아서 그
청년들의 힘을 바로 끌어주지를 못합니다.

6·29 이전에 민정당 고위층 정책위원 중 한 분이 저에게 "목사
님, 우리 국민들이 우리 민정당의 열심과 성의를 몰라줍니다. 우리
가 잘 해보려고 하는데 자꾸 광주 얘기만 치켜들고 참 어렵습니다.
학생들 데모때문에 이거 얼마나 지장이 많은지요. 목사님, 옛날에
데모도 해보시고 징역도 살아보시고 하셨으니까, 학생 데모를 어
떻게 하면 막겠습니까"하고 묻기에 이런저런 얘기를 했습니다. 민
정당 정책위원쯤 되면 민족에 대한 비전도 있고, 청사진도 있고,
데모하는 청년들에게 무엇을 제시하겠다는 민족적 경륜이 있어야
하는데 그저 학생들을 공격만 하고 입에 거품만 품고 있습니다.
"민정당이 어떻게 하면 좋겠습니까?"하기에 제가 "간단한 방법이
있습니다"했더니 "목사님, 어떤 방법입니까? 제가 우리 당정책에
반영하겠습니다"하더군요. 그래서 "간단하지요. 데모하는 학생들,
화염병 던지는 학생들한테, 비전을 달라는 부르짖음이니까 거기에
대해서 미래에 대한 방향을 주고 비전을 주어야 합니다. 어떻게 하
면 우리 민족이 통일되고 위대해진다는 것을 보여주면 누가 데모
하라 한다고 데모하겠습니까? 이런 건 안보여주고 잔뜩 욕심만
부려서 먹을 거나 못 먹을 거나 다 먹고 다니니까 청년 학생들의
저항을 이길 수 없는 것입니다. 그러니까 청년들의, 대학생들의 그
열심을 우리 기성세대가 잘 활용할 줄을 모르는 것입니다"라고 말
해주었습니다.

저는 여러 교회를 다니면서 집회를 합니다. 우리 교인들은 은혜
받으려는 열심이 대단합니다. 세계의 교회 중에서 은혜받으려는
열심이 넘치는 한국교회같은 곳을 다른 나라에서는 찾아볼 수가

없습니다. 다른 나라 교회에 가보십시오. 형편없습니다. 유독 어떻게 한국교회에만 뜨거운 열심이 있느냐? 참 감사한 일입니다. 이런 것들을 다 합쳐서 외국신문의 기자는 우리 한국이라는 나라가 21세기에 세계로 솟아오르는 저력이라고 했습니다.

백성들의 한과 눈물

제가 광주호남신학교에서 초청을 받아 집회를 한 적이 있습니다. 그때 호남신학교에서 제 숙소를 광주 '그랜드호텔'로 잡아주었습니다. 제가 간지 이틀째 되는 날 김대중 씨 일행이 모처럼 광주에 와서 같은 숙소에 들었습니다. 호텔측에서 이튿날 저에게 "목사님, 김대중 선생 일행이 이번에 광주에 오셔서 우리 호텔에 들었는데, 목사님이 좀 양해해주시고 양보해주실 일이 있습니다." 그래서 뭐냐고 물었습니다. "김대중 선생 일행이 숫자가 많아서 호텔방 2개를 차지하는데 목사님 방이 가운데 들었습니다. 하루 저녁만 좀 양보해주십시오." 그래서 "어떻게 하면 되겠습니까?"했습니다. 그때 김대중 선생 비서실장 조윤형 씨가 저하고 안양교도소 동기생입니다. 그래서 "아는 사람도 있는데 양보하지요. 오늘밤 나가서 자고 올까요?"하고 물었더니 호텔 맨 윗층 방이 있다고 하더군요. 그래서 제가 맨 윗층에서 자게 됐는데, 자기 전에 참 성경적이라는 생각이 들었습니다. 제일 위에는 하나님이 계시고, 그 밑에 목사가 있고, 그 밑에 대통령후보가 있으니 상당히 영적으로 된 것입니다.

　그런데 그날 저녁에 광주시민들이 자기들의 정치 지도자 김대중 일행을 환영하는 그 열기에 놀랐습니다. 그것이 바로 국민적인 '열심'입니다. 몇 만 명이 호텔 주위를 빙빙 돌면서 '김대중' '김대중' 소리지르니까 꼭 순복음교회 부흥회 하는 것 같았습니다. 제가 그 꼭대기에서 가만 내려다보니 자기들이 따르는 지도자에 대해서

그만큼 호응하는데, 잠도 자지 않고 밤새 소리를 질렀습니다. 제가
거기에 감동을 해버렸습니다. 김대중 선생이 좋고 나쁘고를 떠나
서 우리 국민들은 간절함으로 지도자들을 기다리고 있는 겁니다.
이스라엘 백성들이 긴긴 세월 메시야를 기다렸듯이, 우리 국민들
은 민족의 운명과 백성들의 삶을 바로 이끌어갈 지도자들을 '열심'
을 가지고 기다리고 있는 것입니다. 제가 위에서 내려다보며 '김씨
든 누구든지 저 백성들의 간절한 기대에 어그러지지 않아야 할텐
데'하고 생각했었습니다. 한 플래카드에는 "선생님, 우리의 눈에
서 눈물을 씻겨주십시오" 이렇게 써있는데 제가 눈물이 핑 돌았습
니다. 광주시민들, 호남시민들은 역사 이래 쌓인 한과 눈물이 있습
니다. 광주사태는 말할 것도 없고 백제 이래로 쌓인 지역적인 한
이, 눈물이 있습니다. 그래서 그 사람들의 정치 지도자가 오니까
그 눈물을 씻어달라고 하는 것입니다. 얼마나 절실한 구호입니
까? 제가 '주님, 저 백성들의 한과 눈물이 씻겨지는 날을 허락하
여 주십시오'라고 기도했습니다.

　제가 광주 망월동 묘지에 가서 참배했을 때 들은 이야기가 있습
니다. 광주에서 한 50리 떨어진 시골에서 아들 5명이 있는 부부가
논이 일곱 마지기(1,400평)가 있었는데 큰 아들이 똑똑해서 전남대
학을 보냈습니다. 집이 가난하니 장남만 대학에 보내고 나머지 아
이들에게는 형이 출세하면 너희들 돌봐줄테니까 양보하라고 하면
서 국민학교만 졸업시켰습니다. 큰 형 하나 때문에 다 희생한 것입
니다. 그런데 그렇게 전남대학에 들어간 큰 아들이 광주사태 때 총
맞아 죽었습니다. 그냥 죽인 것이 아니라 뒤에 손을 묶어놓고 죽였
습니다. 손이 묶인 채로 이마에 총 맞아 죽은 시체를 그 부모가 보
고 얼마나 가슴에 한이 쌓였겠습니까? 망월동 묘지에 그 아들을
묻었는데, 동네에서는 그 아들이 역적질하다가 죽었다고 소문이

났습니다. 그게 한이 됐습니다. 그 어머니는 가슴에 너무 한이 되어, 달만 밝으면 50리를 호미를 들고 와서 무덤에 구멍을 내고 아들과 얘기를 주고 받는다고 합니다. "에미가 왔다" "잘 있었냐?" "목 마르지 않냐?" 묻고 또 스스로 대답한다고 합니다. 이것이 백성들의 한이고 눈물입니다. 그것을 씻어주어야 역사가 발전을 합니다. 그런데 역사 이래로 호남사람이든, 이북 피난민이든, 강원도사람이든 우리 역사 속의 한을 풀어주지를 못했습니다. 그 쌓이고 쌓인 한과 눈물이 어디로 흘러가겠습니까? 누가 그 한을 풀어줄 수 있겠습니까?

제가 그날 요한계시록 7장 17절을 생각했습니다. 그곳에서 백성들의 눈물을 생각하면서, 그 백성들의 눈물을 씻어줄 수 있는 것은 이미 정치·경제의 차원을 벗어나버렸다고 생각했습니다. 정치인들이 경제인들이 세상적인 수단과 방법으로 백성들의 한과 눈물을 씻어주기에는 도가 지나쳐버렸습니다. 어느 누가 그 백성들의 눈에서 눈물을 씻어줄 수 있습니까?

"이는 보좌 가운데 계신 어린 양이 저희의 목자가 되사 생명수 샘으로 인도하시고 하나님께서 저희 눈에서 모든 눈물을 씻어주실 것임이러라."

한반도에서 역사 이래로 흘려진 백성들의 한과 눈물과 설움을 누가 씻어주느냐? 그리스도의 교회가 씻어주어야 하는 것입니다. 우리 한국교회는 그럴 의무와 사명이 있습니다. 여러분, 제가 틈틈이 「남부군」이라는 지리산의 빨치산 얘기를 읽습니다. 여러분도 꼭 사서 보시기 바랍니다. 제가 그것을 읽고 눈물을 흘렸습니다. 그 빨치산들의 한과 눈물을 우리 교회가 알아야 합니다. 이 땅 위에 백성들의 한과 눈물과 설움을 씻어주겠다는 뜨거운 열심과 사명감을 가져야 합니다.

예수님의 교회의 모습

200억이 넘는 돈을 들여 지은 강남의 어느 교회에서, 독일제 오르간을 구입하는데 10억짜리를 계약했다는 말을 들었습니다. 제가 아무리 생각해도 그것은 지나친 것 같습니다. 우리 나라 경제가 발전했다고 하지만 서울시민들이 성장했지, 농촌이나 노동자나 빈민들은 아직 우리 나라가 경제성장 된 것을 피부로 느끼지 못합니다. 그런 형편에 교회가 축복받았다고 해서 10억짜리 오르간을 독일에서 사온다는 것은 너무 지나칩니다.

백성들에게 이것은 설득력이 없는 얘기다 싶어서 제가 그 교회 장로님을 찾아갔습니다. 이건 한국교회 전체의 문제로 사회의 지탄을 받을 것이므로 한마디 하려고 했습니다. 그래서 장로님을 만나 "장로님, 장로님 계신 교회에서 10억짜리 오르간을 계약했다는 것이 사실입니까?" 물었습니다. "네. 맞습니다. 아주 좋은 거지요. 그거 해놓으면 역사에 남을 겁니다" 하기에 "장로님, 그거 취소하십시오. 우리 나라 사정에 예수님의 교회가 10억짜리 오르간 들여오면 국민에게 도움이 안됩니다. 운동권 학생들이 교회당 10개를 불태울 계획을 세웠는데, 장로님 교회도 이름 들어있는거 아시죠? 장로님 그거 지나칩니다. 취소하십시오. 꼭 사야되면 2, 3억으로 낮추고 7, 8억은 아껴서 농촌에 복음 전하는 데, 노동자들한테 예수님을 전하는 데, 빈민들한테 사랑을 전하는 데 써주십시오. 그리고 좁은 땅에 사람밖에 없는데 사람 키우는 데 7, 8억을 씁시다. 2, 3억만 들여도 좋은 거 안들여오겠습니까? 취소하십시오" 했습니다. 그랬더니 "목사님, 목사님은 왜 목사님 제단도 아닌데

남의 교회에 이래라 저래라 하십니까? 지나칩니다" 그래서 "장로
님 수준이 영 형편없군요. 장로님, 그 장로직을 잘못 딴 것 아닙니
까? 예수님의 교회에 네 교회, 내 교회가 어디 있습니까? 장로님
영 상식이 없네요" 했더니 "목사님, 너무 합니다" 하시길래 제가
"너무 한 게 아닙니다. 제가 분명히 얘기합니다. 그거 들여와서 설
치해놓으면, 제가 농촌의 우리 청년들, 집사들 몇 사람씩 데려와서
도끼로 깨버릴 겁니다. 제가 모처럼 한 건 할려고 결심했습니다"라
고 얘기했습니다. 문제를 한 번 일으켜서 경각심을 일으키는 것이
좋겠다 싶었습니다. 그래서 그렇게 얘기하고 왔는데 우리 교회에
와서 제가 그 얘기를 다 하니까 집사님 한 분이 "목사님, 날짜만
잡으십시오"하시더군요. 나중에 그 교회 자체 안에서 너무 했다 싶
었는지 구입계획을 취소했습니다.

예수님의 교회가 무엇입니까? 예수님이 주신 영육간의 축복을
10억짜리 오르간 들여오고 아방궁 같은 집을 짓고 그래서야 되겠
습니까? 백성들의 한과 눈물과 탄식에 대해 관심이 없는 교회를
어떻게 우리 주님께서 쓰실 수 있겠습니까?
제가 장신대에 가서 특강을 했었습니다. 학생들한테 "앞으로 어
떤 목회를 할 거냐"고 한 사람 한 사람에게 물었더니 "목사님, 저
는 십만 제단을 세우겠습니다. 한꺼번에 10만이 들어가는 제단을
세우겠습니다. 제가 교회 설계도도 가지고 다닙니다"라고 했습니
다. 그래서 제가 "야, 조용기 목사 동생 났구만. 내가 분명히 충고
하겠습니다. 10만 명도 100만 명도 열 명, 스무 명에서 시작합니
다. 열 명 섬기는 교회, 거기서부터 시작합니다"라고 얘기했었습
니다. 얼마 전에 순복음중앙교회에서 저를 초청했었습니다. 거기
서 저를 안내하는 목사님이 자꾸 저에게 "우리 50만 성도가"를 강

조해서 제가 껄꺼름해서 "목사님, 자꾸 50만, 50만 하지 마십시오. 50만도 100만도 우리처럼 농촌에서 100명 교인한테 목숨을 걸고 사는 목사한테는 별 의미가 없습니다. 50만이든 100만이든 그게 문제가 아니라 10만 명도 100명보다 적은 교회가 있고 50명도 50만보다 큰 교회가 있습니다. 50만, 50만 그러지 마십시오. 그것은 품위문제입니다. 신앙의 세계는 질의 문제입니다. 본질의 문제이지 숫자의 세계가 이닙니다. 목사님 너무 그렇게 강조하지 마십시오"라고 얘기했던 적이 있습니다.

우리 신앙의 세계는 본질의 세계입니다. 진리 자체가 중요합니다. 한 시대의 백성들의 삶과 민족의 운명을 우리가 예수 그리스도의 말씀으로 어떻게 변화시키고 어떻게 이끌어갈 것인가 하는가가 중요합니다. 시대적인 부조리와 아픔과 백성들의 눈물을 복음으로 풀어나가겠다는 뜨거운 가슴이 있고 사명이 있어야 합니다. 교회가 무슨 사업하는 것도 아닌데 자꾸 덩치 커지는 것만 생각하고 숫자늘어나는 것만 생각하면 교회가 본질에서 벗어나기 쉬운 것입니다. 우리 나라가 이만큼이라도 풀려나가게 되는 이유가 어디 있습니까? 저는 우리 성도들이 산골짜기에서, 자기가 섬기는 제단에서, 골방에서 부르짖는 그 부르짖음이 응답받는 것이라 생각합니다. 어떤 사람들은 재야의 공로다, 학생의 공로다 여러 소리합니다. 저도 재야라면 재야입니다. 70년대에 민주주의하자고 징역살고, 매맞고 하다가 지금은 농촌에서 살고 있으니까 재야라면 재야입니다. 그러나 우리 나라가 이만큼이라도 풀려나가는 것에 재야가 공로세웠다, 학생이 공로세웠다고만은 인정하지 않습니다. 우리 나라가 이만큼이라도 되어가는 이유가 무엇입니까? 우리 천만 성도들이 여호와 앞에 부르짖은 것의 응답이라고 생각합니다. 우리 성도들의 부르짖음에 대한 응답이었다고 믿습니다.

이스라엘 민족의 신앙고백

신명기 26장 5절에서 9절까지의 말씀을 구약의 사도신경이라고 부릅니다. 구약시대 이스라엘 민족의 신앙고백이 이 말씀이었다는 것입니다.

"너는 또 네 하나님 여호와 앞에 아뢰기를 내 조상은 유리하는 아람 사람으로서 소수의 사람을 거느리고 애굽에 내려가서 거기 우거하여 필경은 거기서 크고 강하고 번성한 민족이 되었더니 ……우리가 우리 조상의 하나님 여호와께 부르짖었더니 여호와께서 우리 음성을 들으시고 우리의 고통과 신고와 압제를 하감하시고."

이스라엘 백성이 고난 중에서 형성된 민족적 신앙고백의 첫번째가 "부르짖었더니"입니다. 두번째에는 "들으시고"입니다. 열심을 가지고 부르짖었더니 여호와께서 바로 그 부르짖음을 들으신 것입니다.

"우리의 고통과 신고와 압제를 하감하시고 여호와께서 강한 손과 편 팔과 큰 위엄과 이적과 기사로 우리를 애굽에서 인도하여 내시고 이곳으로 인도하사."

세번째로 "인도하사"입니다. 고난 속에서 부르짖는 백성들의 부르짖음을 들으시고 인도하시는 것입니다. 곧 젖과 꿀이 흐르는 땅으로 인도하시는 것입니다.

"젖과 꿀이 흐르는 땅을 주셨나이다."

　네번째 신앙고백은 "주셨나이다"입니다.

　고난 속에서 '부르짖고', 그 부르짖음을 여호와께서 '들으시고', '인도하셔서' 약속의 땅, 젖과 꿀이 흐르는 땅을 '주시는' 하나님. 이것이 하나님의 약속이고 백성들의 신앙고백입니다. 지금 한국교회가 이 민족적인 과도기에 한 음성으로 부르짖을 때 그 부르짖음을 여호와께서 들으시고 이 백성을 인도하셔서 우리의 미래에 젖과 꿀이 흐르는 약속의 땅을 허락하실 것입니다. 오늘 이 말씀이 우리들의 신앙고백이 돼야 할 줄로 믿습니다. 부르짖으면 응답하시는 하나님을 여러분께서 확신하시기를 바랍니다.

기도로 열린 감옥문

제가 74, 75년 2년 동안 징역살이를 한 적이 있습니다. 군사재판에서 15년 형을 받았는데 딱 1년을 살고난 75년 1월 6일날 청계천 판자촌에 있던 우리 교회에서 교인들 5명이 수원교도소로 저를 면회 왔습니다. 그때 저는 목사 안수받기 전이어서 전도사 시절이었습니다. 면회를 와서 교인들이 하는 말이, "전도사님, 전도사님 석방을 위해서 내일부터 온 교인들이 40일간 철야기도 하기로 했습니다"하기에 제가 깜짝 놀라서 "이 사람들아, 없는 사람들이 잠의 힘으로 사는데, 푹 자야지" 했습니다. 그랬더니, "전도사님 징역 들어오더니 신앙이 떨어졌는데요. 아니 사도행전 12장에 베드로가 옥중에 있을 때에 성도들이 철야했더니 옥문이 열리지 않았습니까? 지금도 그런 역사가 있을 줄 믿습니다"하더군요. 그래서 그때는 그때고 사람마다 다르니 저는 다 때가 되면 하나님이 준비해주시니까 걱정말고 먹고 자고 하라고 했습니다. 그러자 "우리가 알아서 하겠습니다. 무슨 일이 있어도, 죽기 아니면 까무러치기로 한번 해보기로 했습니다"하며 헤어졌습니다. 저는 그러려니 하고 잊어버렸는데, 우리 교인들이 40일 철야를 하고 3일마다 돌아가며 금식을 했습니다.

2월 14일이 40일이 되는 날인데 그날 저녁으로 교인들이 철야와 금식을 다 끝냈습니다. 그런데 2월 15일날 정오에 박대통령의 '김진홍 석방'이라는 명령서가 떨어졌습니다. 그래서 수원교도소 정문이 열리니까 우리 청계천 빈민촌 교인들과 주민들이 두 줄로 서서 흰 광목에 "할렐루야, 우리 목자 돌아오셨다" 써서 "할렐루야"를 외치고 있었습니다. 얼마나 감동했는지, 청계천으로 돌아가는 차 속에서 한 교인이 "전도사님 오늘이 며칠쨌지 아십니까?"하기에 무슨 얘기냐고 물었습니다. "40일 철야, 금식 어제 끝냈습니다. 그리고 석방되시니 온 동네가 미쳐버렸습니다. 가보십시오" 하더군요. 그날 온 교인이 모두 모여서 "할렐루야"하는데, 그날 제가 백성들의 부르짖는 기도를 들으시는 하나님의 응답을 확신했습니다. 백성들의 부르짖는 그 합심기도에 응답하시는 주님이십니다. 저는 누가 뭐래도, 그날 이 판자촌 빈민들의 40일 철야, 금식으로 나왔다고 믿습니다. 부르짖음에 응답하시는 하나님을 믿습니다. 저는 여러분들이 다 기도파가 되기를 바랍니다. 성령파가 돼야 합니다. 백성들이 부르짖는 부르짖음을 하나님께서 기다리고 계십니다. 제가 여러 교회를 다녀보니까 우선 제 목회부터 합심해서 부르짖는 부르짖음이 약해졌습니다. 마태복음 18장 19절을 보겠습니다.

"진실로 다시 너희에게 이르노니 너희 중에 두 사람이 땅에서 합심하여 무엇이든지 구하면 하늘에 계신 내 아버지께서 저희를 위하여 이루게 하시리라."

이것은 목회에서 가장 염두에 두어야 할 목회원칙입니다. 목회에서 이것이 빠져버리면 목회의 열매를 거둘 수 없습니다. 땅에서 합심해서 구하면 하늘에서 이루어진다는 것입니다. 요즘 목회는 너무 수단과 방법에 치우치는 것 같습니다. 세미나 같은 수단 방법 말입니다. 교회 부흥의 비결이 무엇입니까? 합심해서 부르짖으면 하나님께서는 응답하십니다. 그런데 목사로부터 우리 성도들이 땅에서 합심해서 기도가 위로 올라가지 않으니까 하나님이 응답을 해주실 수가 없습니다. 하나님이 찾고 있는 사람은 방법에 능통한 사람이 아니라 목숨 걸고 기도하는 사람이라 믿습니다. 우리는 먼저 영의 사람이 되어야 합니다. 여러분은 기도에서 시작해서 뜨거운 가슴으로 응답의 확신부터 갖게 되기를 바랍니다.

제가 징역에서 석방된지 얼마 안돼서 청계천 지역을 강제철거한다고 서울시에서 통보가 내려왔습니다. 청계천에 있는 빈민촌에 제가 주민조직을 만들었었는데, 그 대표들을 다 교회에 모아서 회의를 했습니다. "자, 서울시에서 강제철거를 한다는데 우리 어디로 가면 좋겠습니까?" 그랬더니 "전도사님, 농촌을 떠나서 이농해 서울에서 지게라도 진다고 왔는데 그 일마저도 용달차한테 뺏기고 이것도 저것도 다 없어서 사람답지 못하게 빈민촌에서 살아왔습니다. 전도사님, 이제는 시골 내려가서 농사짓고 세금도 내고 그렇게 살았으면 좋겠습니다." 그래서 그럴 땅이 있나 우선 한 번 찾아보기로 했습니다. 처음에는 DMZ분계선에 6·25 전에 농사짓던 빈 땅들이 있다고 해서 우리가 그리 보내달라고 정부에 청원서를 냈습니다. 그랬더니 청원서가 도착하자마자 보안대, 정보부, 치안본부 등에서 검은 짚차가 와서 서로 저를 잡아가려고 야단났었습니다. 그래서 제가 정보부에 잡혀갔었습니다. 그 이유를 물었더니 그 진정서를 낸 저의가 무엇이냐고 묻더군요. 그래서 "갈 곳

이 없어서 농사짓고 살겠다는데 무슨 저의가 있겠소?"했더니 아
니라고 하면서 거기 있다가 이북으로 넘어가려는 것 아니냐고 묻
기에 '아! 그렇게도 생각할 수 있구나' 깨달았지요. 그 사람들은
저를 자생 공산당이라고 하며 괴롭혔습니다. 한 닷새 동안 시달리
다가 "그러면 이북에서 먼 데 땅을 좀 주시오. 저기 제주도나 부산
앞바다나 어디 없소?" 했습니다. 그래서 지금 살고 있는 남양만으
로 왔습니다. 바다 막은 땅 960만 평 땅이 나왔는데, 그 간척지로
내려갔습니다.

기도로 지은 농사

77년에 처음 농사를 짓는데 바다를 막은 땅이라 소금기가 너무 많
아서 1월달부터 삽을 가지고 간척지에 도전을 하는데 농수산부에
서 공문서가 왔습니다. "금년에는 남양만 간척지 염도가 너무 높아
서 도저히 수확이 불가능하므로 파종하지 마시기 바랍니다. 파종
해서 실패해도 정부로서 책임질 수 없습니다" 그러면서 농수산부
에서 활빈교회 제 앞으로 공문이 왔습니다. 우리가 간척지에 15마
을을 세웠는데 주민회라는 것을 조직해서 각 마을 단위로 조직이
있고 대표가 있습니다. 한 마을에 대표 2명씩 30명을 천막 친 교회
에 모아서 회의를 했습니다. 공문서를 보여주며 "농수산부에서 이
런 공문서가 왔는데, 수확이 도저히 안된다고 하는데 어떻게 하면
되겠습니까? 각자 의견을 말해보십시오"했더니 한 주민이 "목사
님, 그러면 우리가 뭘 먹고 삽니까? 1,2백도 아니고 1,200세대가
모였는데, 농사 안지으면 전부 떼거지가 날 판인데 목사님이 거지
왕초하실래요?"하시더군요. 그래서 의견을 말해보라고 했더니 그
중 한 분이 "목사님, 농사를 뭐 농수산부 장관이 짓습니까? 하나
님이 짓는 거지요. 대한민국 농사는 전부 정부에서 하라는 것을 거

꾸로만 하면 성공한답니다. 죽기 아니면 살기로 합시다” 그래서 “좋습니다”하고 하기로 결정했습니다.

모를 심는데 첫번째는 말라죽을 것을 우리가 예상을 하고 모판을 많이 심었습니다. 그런데 첫번째 심으니까 다 말라 죽었습니다. 두번째 심어서도 다 말라 죽었습니다. 세번째 심을 때는 등이 달아서 저는 논에 들어가서 모 포기 심을 때마다 기도했습니다. ‘예수님, 이 모 좀 살려주십시요, 죽은 나사로도 살리셨는데 이 모 정도 못살리십니까? 주님, 지금 이 소금이 문제입니까? 이 모를 못살리면 저희들 모두 거지됩니다.’ 모 포기 꼽을 때마다 기도하니까 제가 속력이 느려져서 교인들이 “목사님, 좀 빨리빨리 나오세요. 한 줄 맡아서 왜 이렇게 느립니까?”해서 제가 “기도하는 농사니까, 좀 이해하고 나가야지” 했더니 자꾸 기도하려면 논둑에 앉아서 기도하시라고 하더군요. 그래서 세번째 모를 심어놓고 날만 새면 들에 나가서 죽었나 살았나 살펴보았습니다. 그 벌판이 빨갛게 타들어가니까 정말 속이 달았습니다. 웃음도 없어지고 밥맛도 없어서 시무룩하게 앉아있으니까 제 얼굴 쳐다보던 주민들도 흔들렸습니다. “목사님이 낙심해있는 거 보니 희망없다. 일찍 짐싸들고 서울로 가야 쓰레기더미라도 차지하지”하면서 이사하려고 드는 사람들이 있었습니다. 그래서 제가 안되겠다 싶어 골목골목마다 다니면서 “여러분, 힘 냅시다. 망해도 언제든지 기회가 있으니까 한 번만 더 해봅시다.” 그러면서 억지로 싱글벙글 웃고 다니니까 그것도 힘이 들었습니다.

네번째 모를 심는데 모가 없으니까 경기도 화성군에서 트럭을 타고 충청남도 지나서 충청북도까지 가서 모를 구해왔습니다. 하도 모가 모자라니까 한 교인이 “목사님, 오늘 저녁에 우리 알리바이를 좀 만듭시다. 목사님은 초저녁부터 주무신 걸로 하십시오” 그

래서 "왜 그래?"하고 물었더니 "안되겠습니다. 모가 모자라서 이
웃 동네 심어놓은 모라도 뽑아다가 심어야겠습니다"라고 말하는
것이었습니다. 제가 깜짝 놀라서 "야, 이 사람들아. 모기 다리에
피를 빼먹지, 어떻게 농민들이 심어놓은 걸 뽑아오나?" 그러자
"알게 뭡니까? 눈에 모 밖에 안보이는데. 아, 자기들은 해마다 먹
고 살았는데 우리보다 낫지 않습니까?"하길래 "이 사람들아, 세
상길 다 막혀도 하나님이 봐줄 길을 남겨놔야지. 우리가 못된 짓을
하면 하나님이 봐줄 수가 없잖소" 그랬습니다. 그런데 그걸 지나가
던 사람이 듣고 소문이 나서 이웃 동네 예비군들이 동원되어서 모
를 지키고 있었습니다.

   결국, 네번째로 들판에 모를 다 심어놓고 마지막날에 온 동민들
이 논둑에 앉아서 기도했습니다. 교인만 기도하는 것이 아니라 불
신자들까지 논둑에 앉아서 기도했습니다. 기도제목은 비를 내려
달라는 것이었습니다. 국민학교 2,3학년 아이들이 저희끼리 학년
별로 모여서 고사리 손을 쥐고 하늘 쳐다보면서 "예수님, 비를 주
세요"하고 기도를 하는데 저는 그걸 보고 눈물이 나서, 지도자가
돼서 울고 섰을 수도 없어서 제가 숨어서 기도했습니다. 갯벌을 손
에 움켜쥐고 기도했습니다. "예수님, 우리 어른들 기도는 안들어
주시더라도 저 아이들의 기도는 꼭 들어주시옵소서. 이번에도 모
가 말라죽으면 저 아이들에게 예수님 살아계심을 뭘로 설교하겠습
니까? 우리 애들 기도 좀 들어주시옵소서." 밤새워 기도했습니
다. 그런데 새벽에 해뜰 때 쯤 되니까 비가 쏟아지기 시작했습니
다. 소나기가 쏟아지더니 10일 동안 비가 왔습니다. 밤새 철야하던
교인들 동민들이 얼마나 기뻐했는지 모릅니다. 온통 미쳐버린듯이
기뻐했습니다.

   그 비가 그친 후에 모가 잘 살아서 올라가는데, 얼마나 감격스러

운지 모포기에 입을 맞추고 "참 아름다와라" 찬양을 부르며 주님을 찬송했습니다. '주님 이것만 해도 감사합니다. 제가 평생토록 감사하겠습니다.' 그해 가을에 풍년이 들었습니다. 추수감사절에 햅쌀밥을 지어놓고 우리가 지은 농산물로 준비해서 그렇게 첫번째 추수감사절 예배를 드렸습니다. 예배드리고 온 교인이 교회에 모여 식사를 하는데 울면서 먹었습니다. 하나님은 부르짖는 백성들의 기도에 응답하시는 하나님이십니다. 여러분이 섬기는 교회나 개인의 문제나, 민족의 문제나, 백성들의 문제가 고난과 탄식에 부딪쳤을 때 열심을 가지고 부르짖는 여러분들이 되기를 바랍니다. 그것이 신앙인의 첫번째입니다.

부르짖음에 응답하시는 하나님

출애굽기 2장 23절 말씀을 보겠습니다. 이스라엘 백성들이 400년 노예생활에 하나님께 부르짖었습니다. 그 부르짖음을 여호와께서 들으셨습니다.

"여러해 후에 애굽 왕은 죽었고 이스라엘 자손은 고역으로 인하여 탄식하며 부르짖으니 그 고역으로 인하여 부르짖는 소리가 하나님께 상달한지라."

하나님이 그 부르짖음을 듣고 응답하셨습니다. 그 응답으로 모세를 보내셨습니다. 출애굽기는 부르짖는 이스라엘 백성들의 기도에 응답으로 지도자를 보내주시는 본문입니다. 출애굽기 1장 22절을 보겠습니다.

"그러므로 바로가 그 모든 신민에게 명하여 가로되 남자가 나거든 너희는 그를 하수에 던지고 여자여든 살리라 하였더라."

그 당시 너무 탄압이 지나쳐서 아들을 낳으면 전부 강물에 버리게 했습니다. 바로왕이 이스라엘 백성들의 멸종정책을 썼습니다. 나일강 강물에 사내아이를 다 던지라고 했습니다. 여러분도 아시겠지만 성경공부는 그 시대배경이 중요합니다. 왜 나일강물에 던지느냐 하면 애굽 바로왕의 궁궐에서 섬기는 신이 바로 나일강 수신(水神)이기 때문입니다. 종교적 대결입니다. 나일강 수신을 섬기는 바로왕하고 야훼 하나님을 섬기는 노예의 종교가 지금 겨루는 것입니다. 바로왕이 무엄하게도 노예생활하면서 야훼 하나님을 섬기는 백성들의 사내아이를 자기들의 수신에게 던지는 것입니다. 일종의 종교적 제물입니다. 하나님께서 이스라엘 백성의 부르짖음에 응답하십니다.

"레위 족속 중 한 사람이 가서 레위 여자에게 장가 들었더니."

성경 읽을 때에는 상상력을 가지고 읽는 훈련을 해야 합니다. 백성들은 그렇게 급한 지경에서 부르짖는데 하나님의 응답은 너무 천천히 옵니다. 여러분, 하나님의 일은 시간이 걸린다는 것을 명심하셔야 합니다. 백성들은 죽게 되었는데 하나님은 얼마나 천천히인지 지도자를 낳을 처녀 총각 결혼식부터 합니다. 하나님의 방법은 시간이 걸립니다. 깊이 명심해야 합니다. 그런데 우리는 너무 급합니다. 지도자부터 국민들까지 너무 급합니다. 제가 집회 가보면 은혜받는 것도 첫날 저녁에 끝장 벌려고 합니다. 그래서 저는 집회가면 오히려 불을 끕니다. "아 첫날에 은혜 다 받아버리면 내일부터 뭐 합니까? 예수 믿는 것은 졸업이 있는 게 아니니까, 평생 믿는 거니까 좀 천천히 은혜 받읍시다" 했습니다. 2장 2절을 보 겠습니다.

"그 여자가 잉태하여 아들을 낳아 그 준수함을 보고 그를 석달을
숨겼더니"

물에서 주웠다고 '모세'라고 했습니다. 모세라는 이름은 보통명 사입니다. 한 사람의 이름이 아니라 우리 모두가 모세입니다. 왜 냐? 모세는 물에서 건져서 모세지만 우리는 죄와 죽음에서 건짐 받아서 모세입니다. 이스라엘 백성도 모세입니다. 애굽 노예생활 에서 건져져서 모세 민족이 되었습니다. 우리도 모세 민족입니다. 주님의 은혜로 8.15해방이 되고, 앞으로 성령의 은혜로 남북통일 이 되고, 세계에 앞선 민족이 될 것이기 때문에 모세입니다. 우리 민족이 이스라엘이고 모세입니다. 우리는 우리 각자가 모세인 것 을 확신해야 합니다. 그렇게 모세는 건짐을 받아서 왕궁에서 40년 을 공부했습니다. 요즘 말로 하자면 최고 지도자 코스를 공부한 것 입니다. 제왕학을 공부한 것입니다. 왕이 되는 코스를 40년간 다 터득했습니다. 최고 통수권자의 코스를 다 밟았습니다. 세상 학문 을 40년간 터득했습니다. 그러나 세상 학문 다 마친 모세의 수준은 어떻습니까? 단지 모세의 수준일 뿐입니다. 그 수준으로는 아무 것도 해결 못한다는 것입니다. 세상 학문 다 마친 후 40세의 모세 수준은 지금 세계 지도자들의 수준입니다. 그 한계를 우리가 분명 히 알아야 합니다. 그걸 가지고 출애굽기를 읽어야 합니다.

모세가 최고 지도자 코스 다 마친 후에 길에 나갔더니 애굽 노동 감독관이 자기 백성을 쳤습니다. 요즘 말로 하면 전투경찰이 운동 권 학생을 때린 겁니다. 그걸 보고 모세가 흥분해서 자기가 닦은

지성과 무술을 다 동원해서 그 애국심과 신앙을 다 합쳐서 나온 행동이 뭡니까?

"좌우로 살펴 사람이 없음을 보고 그 애굽 사람을 쳐죽여 모래에
감추니라"(12절).

좌우로 살펴서 봤다는 것은 무엇입니까? 욱해서 혈기로 죽인
것이 아니라 의도적으로 계획적으로 쳐서 죽여 묻은 것입니다. 폭
력에 의존한 것입니다. 문제의 해결을 폭력에 의존하고 있습니다.
이것이 모세의 수준입니다. 결국 모세는 그의 범죄함이 탄로가 나
서 호렙산으로 갔습니다. 호렙산에서 40년간 탄식하면서 살았습니
다. 하나님이 필요해서 40년을 광야에서 영적인 훈련을 시키는 것
을 모세는 몰랐습니다. 22절을 보겠습니다.

"그가 아들을 낳으매 모세가 그 이름을 게르솜이라 하여 가로되
내가 타국에서 객이 되었음이라 하였더라."

호렙산 40년 동안 얼마나 탄식을 했는지 아들 이름을 이상하게
지었습니다. 하나님의 계획을 모르고, 영적인 분별력이 없이 자기
인생이 허무하게 흘러갔다고 아들 이름을 게르솜이라 지었습니다.
그러나 하나님의 때가 되어서, 80살이 되어서 하나님의 역사가 드
러납니다. 그러나 이 출애굽기 3장 1~5절 말씀이 여러분에게는
좀 빨리 오게 되기를 바랍니다. 3장 2절 말씀을 보겠습니다.

"여호와의 사자가 떨기나무 불꽃 가운데서 그에게 나타나시니라
그가 보니 떨기나무에 불이 붙었으나 사라지지 아니하는지라."

떨기나무는 우리 식으로 말하면 가시나무입니다. 쓸모없는 나무에 불꽃으로 임했습니다. 하나님이 왜 모세를 떨기나무에서 불렀습니까? 왜 가시나무 같이 쓸모없는 데서 임했을까요?

가시나무에서 부르시는 하나님

하나님은 늘 자기 일꾼을 순탄한 환경 속에서 부르시지 않고 가시나무 같은 고난과 역경과 탄식 속에서, 절망과 낭패와 한숨 속에서 연단시키십니다. 순탄하게 부모덕으로 좋은 코스만 밟아오던 사람들은 모세의 게르솜의 세월이 빠져버리는 것입니다. 가시나무 속에서 불리움 받는 그런 사역의 핵심이 빠져버리기 쉽다는 것입니다. 하나님의 백성들은 고난 속에서, 연단과 좌절 속에서 영적인 뜻을 깨닫고 영력을 더하고 사명감이 굳어지는 것입니다. 여러분은 결코 고난의 생활을 부끄러워 하거나 거기에 대해 낙심하지 말기 바랍니다. 두번째, 하나님이 가시나무에서 부른 이유는 자기 일꾼을 그 시대와 교회와 백성의 지도자로 길러낼 때에 순탄한 환경에서 자질이 좋고 역량이 있고 타고난 재주가 좋은 사람만 부르는 것이 아니라는 것입니다. 나무 중에 가시나무처럼 쓸모없는 사람, 세상적인 기준에서 뒤떨어지는 사람, 사람이 보기에는 제대로 할 것 같지도 않은 그런 사람들 속에서 일꾼을 불러내셔서 그 시대의 증인으로 사명자로 세우신다는 것입니다. 3장 5절 말씀이 대단히 중요합니다.

"하나님이 가라사대 이리로 가까이 하지 말라 너의 선 곳은 거룩한 곳이니 네 발에서 신을 벗으라."

저는 어려서부터 교회를 다니면서 이 말씀에 대단히 의문을 가졌습니다. 왜 하나님이 모세의 신발에 관심을 가졌을까? 그런데 제가 나이 40을 지나가면서 인생의 쓴맛 단맛 다 보고 저 혼자 이 본문을 깨달았습니다. 왜 하나님께서 모세를 사명자로 부르셨을 때에 신발을 벗겼는가? 우리 인간은 신을 신고 다닐 때는 자기 꿈을 추구하고 자기를 추구하는 것입니다. 뭔가 찾겠다고 초상집에 개처럼 헤매고 다니면서 죄짓고 후회하고 탄식하고 돌이키고 또 도전하고 또 넘어집니다. 평생을 신발신고 다니면서 꿈을 추구하는데 얻어지는 것이 없습니다. 그러므로 하나님이 신발을 벗으라고 한 것은 "자신의 꿈을 다 팽개치고 내가 너에게 주는 사명에 죽고 살아라. 지금까지 네가 신발신고 다니면서 살던 삶을 십자가 앞에 다 벗어놓고 내가 너에게 주는 그 사명, 거기에 네 인생을 걸어라"는 뜻으로 하나님께서 이 말씀을 하셨다고 생각합니다. 저는 여러분이 정말 진정으로 여러분의 신발을 벗고 하나님이 여러분의 환부를 통해서 이루시고자 하는 뜻과 섭리를 깨달으시기 바랍니다.

제3의 길을 보여주는 대안

이제 말씀의 결론입니다. 3장 10절 말씀입니다.

> "이제 내가 너를 바로에게 보내어 너로 내 백성 이스라엘 자손을
> 애굽에서 인도하여 내게 하리라."

이 말씀이 왜 결론입니까? 모세가 하나님 앞에 부르심을 받아서 자기 백성들한테 되돌아가서 상식적으로 할 수 있는 건 두 가지입니다. 첫째는 바로왕의 체제 속에 40년 만에 들어가서 반체제운동을 하는 것입니다. 우리 식으로 말하면 군정종식하는 것입니다. 민주운동하는 것입니다. 바로왕을 타도하고 백성들 앞에 해방을

선포하는 운동입니다. 지금 많은 청년 학생들이, 많은 그리스도인들이 그걸 하고 있습니다. 두번째는 바로왕의 체제하에서 신음하는 백성들을 위로하는 것입니다. "믿음으로 삽시다. 방언하고 은혜 받읍시다. 성령으로 삽시다. 믿다가 천국가면 바로왕은 천국에 못 따라옵니다." 개인의 영혼구원과 위로, 그것을 마르크스는 민중의 아편이라고 했습니다. 한국교회는 둘로 갈라져 있습니다. 보수교회, 은사추구하는 교회들은 두번째에 매여있습니다. 바로가 압제를 하든지, 노동자들이 탄압을 받든지, 백성들이 신음하든지 관계없습니다. 은혜받고 천국가는 준비하는 것입니다. 모세는 무엇을 택했습니까? 모세는 첫번째도 두번째도 아닙니다. 모세는 새로운 방법을 택했습니다. 바로왕의 체제 속에서 나올 수 없는 방법, 그 체제 밖에 있는 것, 하나님으로부터 오는 방법을 택했습니다. 위에서부터 오는 케리그마, 계시를 통해서 주어지는 젖과 꿀이 흐르는 약속의 땅을 택했습니다. 바로왕의 체제 속에 어떤 종교도, 철학도 운동가도 상상해낼 수 없는 방법, 하늘로부터 오는 말씀의 방법이었습니다. 이것이 모세가 택한 대안이었습니다.

여러분들은 이 땅에서 모세의 후예로서 제3의 길을 보여주는, 대안을 주는 일꾼이 되어야 할 줄로 믿습니다. 이 민족의 남북간의 갈등과, 영남 호남의 갈등과, 노동자와 사장의 갈등과, 이 모든 민족의 한과 갈등과 눈물을 우리가 어떻게 해결해야 하느냐? 모세의 방법이요, 하나님께서 우리에게 주시는 말씀의 방법으로 해결해야 합니다. 하나님께서 약속하신 그 약속의 땅을 백성들한테 보여주어야 합니다. 여러분, 병든 이 땅을 고칠 수 있는 사람들은 누구입니까? 대안을 가진 사람입니다. 대안을 가지고 목숨을 걸고 인생을 걸고 뛰어든 사람들입니다. 저는 여러분이 우리 병든 교회도, 상처받은 나라도, 분단된 민족도 고치고 바로잡는 데 목숨을 걸기를 바랍니다. 우리 교회는 어느 시대에나 미래를 주는 교회, 대안을 주는 교회, 거기에 미래를 걸어야 합니다. 저는 젊은 청년들 가운데에서 우리 한국교회와 백성들의 삶과 민족의 운명을 바꿀 수 있는 모세의 후예들이 많이 배출되기를 바랍니다.

토지와 자유

몇 해 전에 신촌로타리를 지나오는데 학생들의 데모로 길이 막혔습니다. 버스에 앉아서 길이 뚫리도록 기다리다가 데모하는 학생들이 들고 있는 구호를 읽었습니다. 학생들답게 아주 재치있는 구호를 써붙였습니다. 뭐라고 썼는고 하니 "광화문은 정주영 땅, 서소문은 이병철 땅, 남대문은 김우중 땅, 독도는 우리 땅" 그렇게 썼습니다. 대학생답게 아주 재미있고 상징적으로 썼습니다. 재벌을 위시한 부자들이 전국 요지요지를 다 차지하고 백성들은 독도 정도를 차지했다는 그런 뜻인 것입니다.

우리나라의 가장 큰 세 가지 문제

저는 두레마을에서 기도, 노동, 봉사를 좌우명으로 정하고 같이 일하며 살아가는데, 우리나라에서 가장 큰 문제가 세 가지라고 두레마을 식구들끼리 이야기한 적이 있습니다. 첫째는 땅문제입니다. 투기와 불평등으로 인한 토지문제입니다. 둘째는 땀흘려 일하지 않으려는 것입니다. 그리고 세째는 살아가는 뜻이 없는 것입니다. 창세기 3장에 보면 에덴 동산에서 인류가 추방당할 때에 하나님께서 땀흘리는 것을 인간의 운명으로 정해놓았습니다. 종신토록 땀흘려 일해서 사는 것, 그것은 인간의 본질에 속하는 것입니다. 그래서 하나님이 정하신대로 인간은 하나님이 주신 땅에서 땀흘리고 살 때 인간적입니다. 그런데 요즘 사람들은 땀흘리는 것을 싫어합니다.

요즘, 제가 있는 부근의 국민학교에서 운동장에 모래를 까는데 트럭이 모래를 실어다가 여기저기 쌓아놓고 그 다음날 학생들을 동원해서 모래 무더기를 운동장에 고루고루 깔려고 선생님이 "내일 학교 올 때 전부 세수대야나 그릇 하나씩 가져오너라" 했습니다. 그래서 학생들이 소쿠리니, 대야니 여러 가지를 가져왔는데, 한 학생은 라면봉지를 가져왔습니다. 그래서 "넌 왜 라면봉지를 가져왔니?"하고 물었더니 "엄마가 그릇이 크면 힘들다고 작은 그릇 줬어요"라고 대답했습니다. 그릇 크면 힘들다고 손바닥만한 라면봉지를 준겁니다. 땀흘리지 않고 사는 사람은 불한당이라고 합니다. 아니 불(不), 땀흘릴 한(汗), 무리 당(黨)자입니다. 땀흘리지 않고 사는 사람이 불한당입니다. 저는 때로 우리 목사들이 불한당 끼가 있지 않나 생각합니다. 그렇게 좋지도 않은 사람들이 좋은 말만 하고 입으로만 사니까 불한당 중의 불한당입니다. 그래서 제가 금년 여름에는 작심하고 농장에서 일만 하고 땀을 흘렸는데 조금 제정신이 드는 것 같습니다. 그랬더니 우리 교인들이 뭐라는고 하니, "목사님, 역시 농장에서 땀흘리시니까 설교가 달라집니다. 역시 옛날 분위기가 생겨납니다" 그렇게 얘기합니다. 하나님이 주신 땅에서 땀흘리면서 뜻있게 살아가는 것, 이것은 우리 크리스천 뿐 아니라 온 국민의 본분입니다. 그런데, 세 가지가 다 문제입니다. 땅문제, 땀흘리기 싫어하는 문제, 살아가는 뜻이 없는 문제, 모두 문제입니다. 어떻게 모두들 제정신이 아닌것 같습니다.

심각한 토지문제

요즘 땅문제로 온 나라가 시끄럽습니다. 땅, 즉 토지는 세 가지로 구분할 수 있습니다. 집 짓는 대지, 농사짓는 농지, 산지, 세 가지가 토지입니다. 이 세 가지 토지문제가 다 심각해져버렸습니다. 전국에 집 짓는 땅 대지의 65.2%를 5%의 인구가 차지하고 있습니다. 정부기관에서 발표한 것이니까 틀림없습니다. 5%의 인구가 65.2%의 대지를 차지하고 있으면서 사우나탕에 앉아서 땅값 오르기만 기다리고 있습니다. 그러니 서민들이 집 한 채 장만하기가 불가능해졌습니다. 서민들이 평생 일해도 집 한 채 못 구하고 셋방살이만 하게 되면 노동자나 빈민들이 무슨 생각을 하게 되느냐? '이놈의 세상, 평생 일해봐야 셋방살인 것, 이놈의 세상이 뒤집어져야 할텐데' 하고 뒤집을 생각을 하게 되는 것입니다. 10년이고 15년이고 열심히 저축하면 조그만 집이라도 마련한다는 희망이 있을 때에 이 체제를 사랑하고, 땀흘려 저축하고, 선량하게 됩니다. '아무리 노력해봐야 가진 자들이 집과 땅을 차지하지 우리는 평생 셋방이다'하게 되면 체제가 안정될 턱이 없습니다. 그러니까 살아남으려면 개혁을 해야 됩니다.

대지만 그렇게 심각한게 아니라 요즘엔 농지문제도 아주 나빠졌습니다. 85년 기준으로 농협중앙회가 발표한 전국 농민의 소작인 비율이 얼마냐 하면 64.5%입니다. 농가 100세대 중에 64.5세대가 자기 땅이 아닌 소작인 것입니다. 전국 농지의 30.5%가 소작지입니다. 이것은 심각한 문제입니다. 우리 체제가 이만큼이라도 유지되는 것은 1949년에서 1950년 4월까지 형식적이나마 토지개혁을 실시했기 때문이라고 대천덕 신부님은 얘기합니다. 1949년 조봉암 농수산농림부 장관이 토지개혁안을 만들어서 토지를 개혁했습니다. 그것보다 이태 앞서 1946년 후반부에 북한에서 먼저 농지개혁을 했습니다. 남한의 소작인들이 그 소문을 들었습니다. 그래서 그 때 농민들이 좌익으로 확 쏠렸습니다.

여러분, 「태백산맥」이라는 소설 읽어보셨습니까? 안보신 분들은 꼭 보시기 바랍니다. 저는 「태백산맥」을 읽고 감동했습니다. 소작인들이 왜 빨치산이 되는지, 소작인들이 왜 좌익이 되는지, 그 과정을 소설로 썼습니다. 그런데 불행하게도 그때 조봉암 장관팀이 기획했던 원안은 대단히 탁월했었는데 자유당 국회의원들이 다 망쳐놓습니다. 지금하고 똑같습니다. 역사는 반복되는 것입니다. 원안은 대단히 좋았습니다. 그대로만 통과되었으면 지금 토지문제로 이렇게 경제기반이 흔들리는 원인이 제거되었을 것입니다. 그런데 아시다시피 자유당 국회의원들이 대체로 지주출신입니다. 그러니까 토지개혁 대상에서 이것 저것 다 빼어버렸습니다. 산지 빼고, 무슨 대지 빼고 농지 중에도 일부만 통과시켰습니다.

지금 노태우 대통령이 집권을 한 뒤에 토지공개념연구위원회를 만들었습니다. 저는 그것에 몹시 기대를 했습니다. 물론 대통령 선거할 때 전 딴사람 찍긴 했습니다만, 그래도 '토지공개념 연구를 정권의 운명을 걸고 한번 해보겠다' 그러니까 제가 기대하고 또 기도도 했습니다. 그래서 뭔가 나오긴 나왔는데 여당에서 자꾸 그것을 수정한다고 합니다. 정부 원안대로만 통과되면 미흡하지만 약 50% 정도는 우리가 만족할 수 있을 것입니다. 그러나 거기서 자꾸 빼버리면 안됩니다. 그러면 20%로, 10%로 효과가 떨어져버립니다. 그래서 제가 농촌교회 목사님 한 분과 대화를 했습니다. 그 목사님은 자기 교회에서는 토지공개념 원안대로 통과되도록 교인들과 기도를 한답니다. 목사님이 이 교인들한테 토지공개념이 통과되도록 하자고 기도를 시켰는데, 최근에 그 지역의 땅값이 부쩍 올라버리니까 땅있는 교인들이 기도하기를 싫어한답니다.

월남 패망의 원인

토지개혁을 하지 않으면 우리 체제의 기반이 항상 흔들립니다. 월남이 망한 원인의 핵심에는 땅문제가 있습니다. 땅문제로 해석하면 월남전쟁은 간단해집니다. 월남의 지주들은 천주교 신자입니다. 소작인들은 불교 신자입니다. 왜 천주교 신자들이 지주가 되었느냐 하면, 월남을 오랫동안 식민지배하던 종주국이 프랑스입니다. 프랑스의 종교가 천주교인 것입니다. 월남 안의 천주교인들은 한국의 천주교인들과는 다릅니다. 월남의 천주교 교인들은 제국주의 세력 프랑스에 붙어먹는 식민지배의 앞잡이라고 할 수 있습니다. 그래서 종주국의 관료들의 심부름하면서 땅을 차지했습니다. 천주교인들이 지주계급을 형성했습니다. 그래서 불교인들이 소작을 붙여먹는 피지배구조가 생겼습니다. 거기에 공산주의자, 베트콩들이 중간에 끼어들었습니다. 그래서 불교 소작인들에게 의식화를 했습니다. "외세를 배격하고, 민족주체성을 확립하고, 지주를 몰아내자." 불교 소작인들이 그 사람들의 말에 귀를 기울일 때 벌써 월남전은 끝난 것입니다. 미국이 덩치만 컸지 어수룩해서 멋도 모르고 끼어들었다가 창피만 당했습니다. 그런 구조를 알아보지도 않고 얼마나 낭패당했습니까? 그런 구조를 시정하라고 미국이 여러번 문서를 보내면서 노력했습니다. 미국 CIA에서 월남 천주교 지주들과 군인 내에 카톨릭 장성들한테 여러번 토지개혁을 하라고 권했습니다. 그랬는데, 월남 천주교 신자들이 욕심이 많아서 그 개혁을 하지 않았습니다. 결국 나중에 땅문서 쥐고 죽었습니다. 탐욕이라는 것이 얼마나 불행을 자초합니까? 그래서 우리 나라가 지금 땅문제가 심각해진다는 것에 대해 월남을 우리는 교훈으로 삼아야 됩니다. 부자가 가난한 사람을 도와준다는 자선의 의미가 아닙니다. 살아남으려면, 우리 체제가 안정되게 뻗어나가려면 그렇게 해야 합니다.

부동산 투기하는 사람들의 결과

이제 미가서 2장 1절을 찾아보겠습니다.

"침상에서 악을 꾀하며 간사를 경영하고 날이 밝으면 그 손에 힘
이 있으므로 그것을 행하는 자는 화 있을진저."

밤새 궁리해서 어디 가서 한 건 하나 하면서 고급 공무원들에게
돈을 주고 정보를 빼내서 없는 사람 밀어내고 땅을 차지하는 사람
을 애기하는 겁니다. 요즘식으로 읽으면 조금 다릅니다.

"사우나탕에서 악을 꾀하고 간사를 경영하고 날이 밝으면 그 손
에 권력이 있으므로 그것을 행사하는 자들은 화 있을진저 밭들
을 탐하고 빼앗고 집들을 탐하여 취하니 그들이 사람과 그 집 사
람과 그 산업을 학대하도다."

밭에 밭 사고, 아파트에 아파트 사고, 부동산 투기하는 겁니다.
떼돈 벌 줄 알고 부동산 투기를 하는데 천만의 말씀입니다. 메뚜기
도 오뉴월 한철입니다. 거기에는 한을 삭이는 피해자들이 생깁니
다. 땅은 한정되어 있는데, 부자들이 돈 있다고 땅 잡고 집 잡으면
분배가 균형을 잃어버려서 밀려나가는 사람이 있습니다. 백성들이
한을 품게 됩니다. 여자가 한을 품으면 오뉴월에 서리가 온다는 말
이 있습니다. 그러나 백성들이 한을 품으면 나라가 뒤집어지는 것
입니다. 혁명이 달리 생기는 것이 아닙니다. 그러므로 한을 품은
백성들을 줄여나가는 것이 바로 정치입니다. 그렇게 부동산 투기
하는 사람들의 결과에 대해서 3절 말씀에 애기했습니다.

"그러므로 여호와의 말씀에 내가 이 족속에게 재앙 내리기를 계획하나니 너희의 목이 이에서 벗어나지 못할 것이요."

그렇게 살아가는 백성들한테는 하나님께서 축복을 주실래도 주실 수 없습니다. 그래서 지금이라도 토지공개념 법안을 될 수 있는 대로 보완해서 이빨 뽑지 말고 오히려 강화해서 통과시켜야 됩니다. 이번에 토지공개념이 실패하면 다음엔 한 가지 방법밖에 안 남아있습니다. 오직 토지국유화 정책이 남아 있습니다. 자본주의, 자유민주주의 체제하에서 토지국유화라는 것은 혁명적인 수단을 통해서만 가능합니다. 그래서 많은 똑똑한 청년들이, 재야인사들 중에서도 생각이 있다는 분들이 민중혁명을 애기하지 않습니까? 저는 민중혁명, 민중시대를 만들자는 것을 좋아하지 않습니다. 현실적으로 대단히 위험하다고 판단합니다. 왜냐하면, 우리체제에서 민중혁명으로 민중시대를 열려면 최소한 500만 명을 죽여야 합니다. 500만~1500만 명 정도는 죽어야 민중시대가 됩니다. 그것이 가능합니까? 민중시대 한 뒤에 유토피아가 온다 한들, 500~1500만 명 죽이고 민중시대를 만들어서 뭘 하겠습니까? 좌우지간 참고 설득하고 달래고 양보하고 같이 살아야 됩니다. 같이 살지 않으면 하나님이 축복하시려고 해도 축복할 수 없습니다.

우리 체제가 이만큼 유지되는 것은 두 가지를 지켰기 때문이라고 대천덕 신부님은 이야기합니다. 대천덕 신부님의 글에서 그렇게 쓰고 있습니다. 첫번째가 앞서 말씀드린 1949~1950년의 토지개혁입니다. 그것이 레위기 25장을 중심으로 된 토지경제법, 성서의 토지법에 대단히 접근했다는 것입니다. 많이 부족하지만 내 생각으로는 20~30% 접근했습니다. 두번째는 뭐냐? 성경에서 나그네를 대접하라고 그랬는데 1945년 해방 이후 6·25를 거치면서 천만

이북 피난민이 남한으로 피난왔는데 같이 살았습니다. 이것이 성경의 법을 실천했다는 것입니다. 우리는 그렇게 그냥 같이 살았으니까 뭐 별것 아닌 것 같지요? 세계 역사를 공부해보면 그것은 대단한 일입니다. 긴 긴 세계 역사 속에서 그렇게 좁은 땅에서, 짧은 기간에 그렇게 많은 피난민 나그네를 받아들여서 같이 살았던 역사가 전세계에 없습니다. 우리가 자부심을 가질 만합니다. 전 세계 가장 좁은 땅에 그 인구가 같이 산 예가 전무합니다. 그러니까 하나님이 나그네 대접하라는 법을 지켰다는 거지요. 그래서 이만큼이라도 산다는 겁니다. 그런데 막상 나그네 대접하는 법을 선두에서 실천해야 할 교회들이 요즘은 해이해진 것 같습니다. 신명기 26장 12절에 그 법이 있습니다. 제가 강연을 다니면서 그 얘기를 하니까, 큰 교회 목사님들일수록 그걸 좋아하지 않습니다. 어떤 목사님은 "김진홍 목사, 그 말은 좀 뺐으면 좋겠다"합니다. 그러면 저는 아주 못들은 척하고 강조해버립니다. 왜냐? '그것이 이 교회의 약점이구나' 싶어서 더 강조해버립니다.

십일조의 두 가지 목적

여러분, 신명기 26장 12절은 헌금을 어떻게 쓰라고 가르치고 있습니까? 제가 다녀보니까, 헌금을 걷을 때에는 성경적으로 걷어놓고 쓸 때는 성경적으로 안쓰는 교회가 많습니다. 여러분, 이것이 문제입니다. 이것을 우리가 고쳐야 합니다. 신명기 26장 12절을 같이 읽어봅시다.

> "제 삼년 곧 십일조를 드리는 해에 네 모든 소산의 십일조 다 내기를 마친 후에 그것을 레위인과 객과 고아와 과부에게 주어서 네 성문 안에서 먹어 배부르게 하라."

십일조의 사용은 두 가지로 크게 나누어집니다. 레위인의 생활비, 성전유지관리비, 이것이 첫번째입니다. 두번째는 고아와 과부 돌보고 나그네를 돌보는 데 사용됩니다. 이 돌봄은 성문 밖에다가 구호물자 던져주고 입에 풀칠하게 하는 것이 아닙니다. "성문 안에서 먹어"야 합니다. 어떻게 하라고 했습니까? "배부르게" 주어야 합니다. 같이 배불러야 됩니다. 생산하는 사람과 나그네와 고아와 과부가 같이 배부르도록 해야 합니다. 우리가 성경 읽을 때는 그 글자 하나하나에 대해서 우리가 전체적인 윤곽을 잘 파악해야 합니다. '이 말이 왜 이 자리에 들었을까?' 의미를 부여하면서 읽어야 됩니다. "성문 안에서"는 중요한 뜻이 있습니다. 그냥 같이 배불리 먹는 것이 아니라 공동체를 의미합니다. '밥상 공동체'라는 말입니다. 성문 밖에다가 구호물자 던져주는 것이 아니라는 겁니다. 성문 안에서 공동체 일원으로 같이 배부르게 해라. 십일조 헌금은 그렇게 쓰라는 거지요. 그런데 교회들이 그렇게 쓰지 않습니다. 자꾸 자기 교회만 키우는 데 쓰지 고아와 과부와 나그네로 하여금 성문 안에서 같이 배부르게 하는 그 십일조 정신이 잘 지켜지지 않습니다. 한번은 '교회갱신'이라는 주제를 놓고 목사님들이 호텔에 모여서 미국 강사님 모셔다가 세미나를 하는데 입회비가 5만원이랍니다. 시골 목사한테는 한 달 생활비의 절반이 뚝 잘려나가는데 어떻게 하루 세미나에 참석해서 5만원을 냅니까? 제가 아주 역정을 낸 적이 있습니다. 시골교회 목사와 노동자들과 함께 일하는 목사들은 전혀 배려를 안합니다. 서울에서도 강남바닥 사람들 중심으로 하니까, 시골목사들 보기에는 저 사람들이 시원찮은 목사들 아닌가 하는 생각까지 들 정도입니다. 교회가 저혼자 배부르면 밑바닥 사람들이 어떻게 생각하고 어떻게 살아가는지를 모릅니다. 라면 하나 붙들고 인생을 라면 한 봉지에 거는 국민이 있는

데, 무슨 교회갱신을 호텔에서 5만원씩 내고 그렇게 합니까?

한국을 성서 위에!

하나님께서 교회를 통해서 우리 민족을 바로잡으시려는 뜻이 있는
줄로 저는 분명히 믿습니다. 그래서 오늘 제가 읽고 싶은 말씀의 본
론은 이사야서 58장 12절입니다. 이사야서 58장 12절 말씀을 확실
히 깨닫고 그것을 이루기 위해서 인생을 걸면, 우리 민족이 변한다
고 저는 확신합니다. 성서한국을 이룰 수 있다고 믿습니다.

"한국을 성서 위에!" 얼마나 우리 시대에 적절한 말입니까? 오
래전 일제시대에 김교신 선생께서 「성서조선」지를 내면서, '조선
을 성서 위에' 운동을 일으킨 적이 있습니다. 물론 김교신 선생은
교회론 분야에서는 저와 생각이 다릅니다. 정통교회의 입장에서는
문제가 있습니다. 그러나 조선을 사랑하고 성서를 사랑했던 그 뜨
거운 가슴, 그 민족정신, 순수한 복음신앙은 우리가 본받아야 합니
다. '조선을 성서 위에' 운동을 하시면서 김교신 선생이 「성서조
선」지의 창간호 서론에 이렇게 썼습니다. "왜 성서조선인가? 나
는 조선을 사랑하고 성서를 사랑한다. 왜냐? 내가 사랑하는 조선
을 성서가 고칠 수 있기 때문에, 성경이 바로잡을 수 있기 때문에,
우리 민족 2천만 동포를 살리는 성서라고 믿기 때문에." 그래서
「성서조선」이라는 글을 읽고 제가 무척 감명을 받았습니다. 우리
시대에 우리 주님이 축복하셔서 천만 성도를 허락하셨습니다. 지
금이야말로 성서한국을 일으켜 세우는 데 우리가 신명을 바쳐야
할 때로 저는 믿습니다.

성서한국의 기초

성서한국의 기초요, 모두인 이사야서 58장 12절 말씀은 그런 뜻에

서 대단히 중요한 말씀입니다.

"네게서 날 자들이 오래 황폐된 곳들을 다시 세울 것이며 너는
역대의 파괴된 기초를 쌓으리니 너를 일컬어 무너진 데를 수보
하는 자라 할 것이며 길을 수축하여 거할 곳이 되게 하는 자라
하리라."

성경을 읽을 때에 명심해야 하는 원칙 제1조가 있습니다. 지금
읽는 말씀이 나에게, 한국교회에 무엇을 가르쳐주시는가? 이를
명심하는 것이 가장 중요한 원칙입니다. 그런 뜻에서 본문을 다시
읽겠습니다. "네게서 날 자들이" 네가 누굽니까? 한국교회입니
다. '한국교회가 길러낼 목사님들, 집사님들이, 각 교회가 길러내
는 청년 학생, 즉 우리 자녀들이' 그 말입니다. "네게서 날 자들이
오래 황폐된 곳을 다시 세울 것이며." 성경은 우리 역사가 우리 민
족의 현실이 제대로 되어있지 않고 황폐되어있음을 전제합니다.
현실이 제대로 되어있지 않다는 것을 미리 전제합니다. 잘못 되어
있는 정치, 교육, 경제를 성경은 미리 알고 있다고나 할까요. '잘
못 되어있는 현실은 너희 한국교회가 길러낼 일꾼들이 다시 세울
것이며'라는 뜻입니다. "너는 역대에 파괴된 기초를 쌓으리니" 역
대에 무너지고 무너진 기초입니다. 기초, 'foundation'이 역대에
무너졌습니다. 영어성경에는 'generation to generation' 그렇게 번
역되어 있습니다. 한 'generation'이 30년입니다. 어제 오늘 잘못
된 기초가 아닙니다. 5공 비리가 굉장해서 아직도 청산하지 못하
고 있지만 5공 비리는 그전부터 즉 공화당, 자유당, 일제시대, 'g-
eneration to generation' 대를 물리면서 잘못 되어온 것입니다. 이
러한 잘못된 기초를 어떻게 하라는 것일까요? 한국교회가 길러낼

일꾼들이 잘못된 기초는 허물어버리고 새로운 기초를 세우라는 것입니다. 이러한 새 기초는 누구 위에 세웁니까? 우리의 영원한 머릿돌 되시는 예수님 위에 새 나라, 새 역사를 세우라는 것입니다. 그러면 누가 세우느냐? '너희 교회가 길러내는 일꾼들이 세워서 성서한국의 기초를 다져라!' 그 말씀입니다.

기독교는 헌 집을 수리해서 들어가는 종교가 아닙니다. 유교는 헌 집 수리하는 종교입니다. '修身濟家 治國 平天下'가 바로 그 말입니다. 修身하고, 즉 자기 마음을 닦고 인격을 도야해서 治國 平天下합니다. 고물 같은 사람도 수리하고 수리하여 천하를 얻는 인격자를 만들자는 공자님의 말씀입니다. 그러나 기독교에서 그것은 안되는 소리입니다. 인간은 부패해있어서 이것을 헐어버려야 됩니다. 철거시키고 새 건물을 지어야 됩니다. 헌 건물 수리해봐야 안됩니다. 부패된 헌 건물은 헐어버리고 새 기초 예수 그리스도 위에서 새로운 건물, 새 역사, 새 민족, 새 백성을 이루어야 됩니다. 그래서 기독교가 우리 민족의 유일한 희망입니다. 저는 그렇게 확신합니다. 우리 역사가 지금까지 잘못 되어있는 걸 어떻게 수리해보려고 공자님의 말씀으로 해볼까, 자본주의로 해볼까, 공산주의로 해볼까, 여러 가지 이데올로기를 가지고 헤맵니다. 그러나 그것으론 안됩니다.

그럼 어떻게 해야 합니까? 그 무너진 기초를 교회가 길러내는 사람들이 새롭게 쌓으라는 것입니다. 대를 올라오면서 잘못 되어있는 그 기초를 우리가 도전해야 됩니다. 길게 거슬러 올라가면 끝이 없습니다. 대충 살펴보면 자유당 때부터 우리 체제가 잘못되어 있습니다. 요즘 젊은 청년학생들은 현대사 공부를 열심히 해서 상식적으로 잘 알고 있습니다. 이승만 정권 때부터 현 정권의 합법성, 도덕성이 잘못되었습니다. 이승만 대통령 때부터 친일세력,

지주세력, 반민족세력을 주축으로 정권을 형성해서 그 기초가 지금까지 바뀌지 않고 내려오기 때문에, 이것이 어제 오늘 잘못된 게 아닙니다. 5공, 6공 문제가 아니라 기초 자체가 잘못되었다고 역사 공부하신 분들은 얘기를 합니다.

대구 10월 사건

예를 들어서 1946년 10월에 일어났던 대구 10월 사건을 기억합니다. 그냥 상식적으로, '10월에 대구에서 공산주의자들이 경찰서 습격하고 폭동을 일으켰다가 경찰에 진압되었다.' 중학교때 국사 책에서 그렇게 배웠습니다. 그러나 그 속사정은 그렇게 간단하지 않습니다.

일제시대에 조선어사전을 편찬하던 학자들이, 일본형사들이 조작해놓은 사건에 걸려서 여러 명이 죽고 고생했습니다. 그걸 조선어사전 사건이라 그럽니다. 그때 중심인물이 이윤재 교수입니다. 그때 연희전문학교 교수님이었습니다. 그 어른의 죄는 조선어사전 만든 죄밖에 없습니다. 그런데 잡혀서 함흥교도소에서 한인형사한테 고문받다가 1943년에 감옥에서 고문사했습니다. 2년 뒤에 1945년 해방되니까 이윤재 선생님을 고문치사시켰던 그 형사가 월남하여 미군정청에 잘 보여서 대구경찰서장이 되었습니다. 그러자 이윤재 교수의 아들이 자기 아버지를 고문시켜 죽게 한 그 원수가 대구경찰서장이 된 걸 알고 원수 갚으려고 대구로 가서 경찰서 주위에 늘 배회했습니다. 그 사람은 공산주의도 모르고 자본주의도 모르고 '아버지의 원수를 갚아야지' 이것밖에 없었습니다. 그래서 10월 만세사건이 대구에서 일어나자 몇 명을 모아서 경찰서에 쳐들어갔습니다. 그 뒤에 이 사람은 체포가 되어 사형당했습니다. 10월 사건에는 이런 비극적인 역사가 깔려 있습니다. 얼마나 답답한 일입니까? 이윤재 선생님을 고문해서 죽인 형사가 해방조국에서 대구경찰서장이 되어서야 되겠습니까?

그때 1947년 해방 이후 서울시경의 수사과장으로 노덕술이라는 자가 있었습니다. 그는 국민학교 2학년을 중퇴했습니다. 일제시대 일본형사 앞잡이가 되어가지고 수많은 독립투사들을 검거하고 직접 독립투사의 손톱을 뽑고 죽게 했습니다. 이 노덕술이가 해방된 뒤에 서울시경 수사과장이 됐습니다. 그래서 1947년 겨울에 어떤 피의자를 조사하다가 고문해서 죽어, 한강에 던졌습니다. 그래서 1947년 1월에 반민특위대에 체포되어 수감되었습니다. 그런데 이승만 대통령이 직접 노덕술을 석방하라고 지시했습니다. 당연히 반민특위에서는 거부했습니다. 독립투사를 죽게 한 그런 매국노를 어떻게 석방을 합니까? 그랬더니 나중에 이승만 대통령의 지시로 경찰이 반민특위를 습격해서 반민특위위원들을 구속했습니다. 그리고 노덕술은 풀려나 경찰요직을 다 지냈습니다. 그런 바탕이 있으니까 민족정기가 살아나지를 못했습니다. 그게 4·19가 나서 뒤집어져서 깨끗이 청소되기 전에 군인들이 그만 쿠데타를 일으켜 버렸습니다. 군인들이 나라사랑하는 마음이 어느 정도 있기야 했다는 것은 인정합니다. 그러나 역사의 근본을 모르고 근본을 밝히지 못했기 때문에 군인들은 민족얼, 민족정기, 참 백성들의 마음을 살리지를 못했습니다. 5천 년, 일제시대 기나긴 백성들의 애국투사들의 그 얼을 살리지 못하고, 이익집단을 만들어서 깔아뭉갠 채로 지내왔습니다. 그래서 우리 민족이 지금까지 제대로 안되는 겁니다.

먼저 회개해야 할 한국교회

그런데 문제는 뭐냐? 그 이승만 정권이 기독교 정권이었다는 것에 문제가 있습니다. 그때 위로는 대통령, 장관, 아래로는 동장까지 예배당에 다녀야 했습니다. 교인이라야 한자리 했습니다. 그래서 국사학자인 이만열 교수님 같은 분은 이렇게 말씀하십니다. 우리 한국기독교는 자유당 정권, 기독교 정권때에 우리 민족 앞에 죄지은 것을 그냥 넘어가면 안된다는 겁니다. 공식적으로 사과하고 문서로 사과하고 민족 앞에 사과하고 새 시대로 들어가야 합니다. 그렇게 말씀하신 것을 듣고 제가 일리있다고 생각했습니다. 한동안 5공비리에 앞서서 우리는 이것부터 회개해야 됩니다.

요즘 전두환 대통령이 우습게 됐습니다만 국민들이 전두환 장군이 누군지 모를 때에 맨처음 전 장군을 국민들 앞에 소개했던 집회가 무엇인지 아십니까? 바로 목사, 장로님들이 호텔에서 조찬기도회를 열어서 전 장군을 모시고 기도회를 해드렸습니다. 그 자리에서 한국교회 원로 목사님이 간절히 기도했습니다. "전 장군이 여호수아 같은 종되게 해주옵시고 …"라고 기도하자 장로, 목사님들이 "아멘" 했습니다. "아멘"이 그럴 때 하는 겁니까? 이스라엘 백성들은 그렇지 않았습니다. 구약성경 읽다가 "야훼 하나님께 가라사대" 야훼란 말씀이 나오면 입을 다물고 눈으로 눈으로 읽기만 했습니다. 그 거룩한 이름을 죄인의 입에서 자꾸 올리느냐며 아주 조심했습니다. 우리의 신앙은 너무 입으로만 살아있습니다. 훌륭한 한국 교회지도자님들이 광주사태 지난지 며칠되지도 않았는데, 그 군인들 손에 피가 묻어있는데, 여호수아 같은 종되게 해달라고 하면 그게 말이 되는 소립니까? 천국에서 여호수아 장군이 얼마나 입장이 난처했겠습니까? 여호수아 장군이 아주 입장이 곤란했을 겁니다. '갖다댈 사람이 따로 있지, 저 사람을 나한테 … ' 말이 됩니까? 여러분? 그래서 제가 그럽니다. "야, 그 노인이 건망증이 심하셨나? '여우같은 종' 했으면 말이 되지, '여호수아' 했으면 말이 안된다" 이겁니다. 그것도 5공비리입니다. 그런 걸 조찬기도

해주고 이권을 받아내 신학교 허가얻고, 허가 안나는 그린벨트에 교회짓고 그랬습니다. 이것은 비리가 아닙니까? 사회는 5공비리 때문에 시끄러워도 교회는 잠잠합니다.

미군철수에 대해

우리 교회가 역사 앞에 회개하는 마음으로 시작해야 됩니다. 그런데 요즘 보니까 잠실체육관에 무슨 대성회를 만들어서, 미군철수 반대 서명운동을 청년선교단체에서 일으키는 것을 보고 거기에 대해서 가슴 아프게 생각했습니다. 지금 우리 교회가 미군철수 반대서명운 동 할 때입니까? 정신을 차려야 됩니다. 제가 미군철수하자는 것은 아닙니다. 미군이 당장 철수하면 문제가 생깁니다. 그러나, 미군이 지금 필요하다고 백성들이 무엇을 생각하는지 잊어서는 안됩니다. 민족의 자존심도 미래도 덮어놓고 '미군 있어야 된다. 있어주십시 요. 철수반대다' 서명하는 것은 예배당이 아니라 골빈당입니다. 골 이 비어서 그런 짓 하는 겁니다. 저도 미군철수 당장 하자는 것 아 닙니다. 그러나 우리도 미군이 필요하지만 미군이 한국에 있는 것은 한국이 필요해서만 있는 것은 아닙니다. 미국의 국가이익에 합하니 까 있는 것입니다. 한국 위해서 있는 줄로 알면 짝사랑입니다. 서로 필요해서 있는데, 우리가 정말 운동을 하려면 앞으로 미군이 없어도 되는 자주국방을 위해서 기도 하는 것이 좋습니다. "우리 힘으로 우 리 땅 지킬 수 있도록 서명하자" 그것은 좋습니다. 우리 학생들이, 재야나 백성들이 뭘 생각하고 뭘 도전하는지도 모르고 우리끼리 예 배당 안에서 '미군철수 반대다' 그런 소리 하고 있으면 교회가 우리 민족의 흐름에서 빗나가는 겁니다. 우리 역사 앞에서 할말이 없어집 니다. 우리는 이 시대의 양심으로서 시대의 고민을 어깨에 지고, 백 성들의 아픔과 탄식을 교회가 어깨에 짊어지고 역사의 앞에 서서 나가야 됩니다.

토지공개념에 대해

지금 토지공개념문제에 대해서 온 나라가 시끄럽습니다만 교회가 무슨 토지공개념에 대해서 열을 올리냐, 그렇게 말씀하시는 분 또한 있을 수 있습니다. 물론 토지공개념 하고 안하고가 천당에 가는 문제는 아닙니다. 그럼 토지공개념을 우리 교회가 왜 말해야 되느냐? 레위기 25장 18절 말씀을 보면 알 수 있습니다.

"너희는 내 법도를 행하며 내 규례를 지켜 행하라."

규례란 땅에 있는 동안에 안전히 거하게 하는, 하나님이 자기 백성을 보호하시는 법입니다. 이 규례 속에 토지법이 들어가 있습니다. 토지법의 핵심은 레위기 25장 23절입니다.

"토지를 영영히 팔지 말 것은 토지는 다 내 것임이라 너희는 나그네요 우거하는 자로서 나와 함께 있느니라."

제가 남양만에 바다를 개간하고 철거민들의 생활을 어느 정도 닦아놓고, 두번째 공동체를 실험 중에 있습니다. 거기 훈련원 짓고 '89년에는 39명이 살고 있었는데 땅이 좁아 옆땅을 살려고 옆에 있는 땅값을 물었더니 한 평에 10만 원 달랍니다. 여러분, 그게 양계할 땅인데 1평에 10만 원 주고 사가지고 어떻게 닭을 먹입니까? 계란 하나에 1원, 2원 남는데 평당 10만 원에 사가지고 어떻게 합니까? 분명히 3년 전에는 2만 원 밑으로 갔었는데 6공화국 들어오면서 어떻게 2만 원이 10만 원으로 뛰어버렸습니다. 토지공개념을 정권의 운명을 걸고 한다고 하더니 이렇게 흐지부지하다니 노 대통령이 '보통보통' 좋아하더니 물통이 되어버렸나? 화가 무척 났습니다. 처음부터 한다고 하지를 말든가, 1년 전부터 한다고 하더니 실제로는 슬금슬금 다 빼버리니 국민들이 기만당하는 것 같습니다. 아까도 말씀드렸지만 우리 체제가 살아남으려면 토지공개념, 토지개혁을 과감하게 밀어붙여야 합니다. 농촌의 농사짓는 땅이 8만 원, 10만 원 그러니까 농민들이 일손을 놓아버리는 것입니다. 이건 가치관에 혼란이 와서 적응을 할 수가 없게 되었습니다.

성경의 토지경제법

이러한 것들을 바로잡을 수 있는 것은 영적 운동, 정신운동이 아니면 불가능하다고 생각합니다. 그래서 '민정당, 공화당, 무슨 당 무슨 당 해도 역시 예배당이 제일이다. 예배당이 이런 것들을 다 해결해야 하는 것이다'라고 저는 생각합니다. 이스라엘 백성들이 성경의 희년법을 중심으로 성경의 토지경제법을 지키는 동안에는 이스라엘 역사에 큰 변동 없이 평안하게 살았다고 성경에 분명히 기록했습니다. 예를 들어 열왕기상 4장 25절을 보겠습니다.

"솔로몬의 사는 동안에 유다와 이스라엘이 단에서부터 브엘세바에 이르기까지 각기 포도나무 아래와 무화과 나무 아래서 안연히 살았더라."

이 시대는 희년법, 7년 토지안식법, 안식일을 철저히 지키던 때입니다. 성경의 토지법은 안식법에 철저히 기초를 두고 있습니다. 대단히 영적인 법입니다. 성경의 토지법은 경제법으로 끝나는 것이 아닙니다. 그 기본에 가장 영적인 법의 기초가 있습니다. 그러

면 그것이 무엇이냐? 사람이 7일마다 안식하듯이 토지도 7년마다
안식했습니다. 그런데 사회제도와 정치구조는 7년 안식년이 7번째
돌아오는 그다음 50년마다 안식하게 했습니다. 우리는 성경을 읽
으면서 성경이 우리에게 가르쳐주신 규례, 이 땅에서 안전하게 살
게 해주시는 규례를 모르고 지냅니다. 저도 3대째 교회가정에서
나고 자랐습니다. 어려서부터 부흥회, 사경회, 신학교, 기도원, 집
회, 금식 등을 다해 보았습니다. 그런데도 이런 중요한 토지법, 경
제법에 대해서, 가난한 사람을 본위로 서있는 성경의 법에 대해서
단 한번도 들은 적이 없습니다. 신학교 가서 신학 공부하면서도 이
런 성경에 있는 법은 못 배웠습니다. 레위기 25장 1절 말씀을 봅시
다.

> "여호와께서 시내산에서 모세에게 일러 가라사대 이스라엘 자손
> 에게 고하여 이르라 너희는 내가 너희에게 주는 땅에 들어간 후
> 에 그 땅으로 여호와 앞에 안식하게 하라."

땅이 하나님 앞에서 안식하라 했습니다. 왜 그렇습니까? 땅의
주인이 누구입니까? 야훼 하나님이 주인이기 때문에 주인 앞에서
땅이 안식하는 것입니다. 사람은 7일마다 안식하고 땅은 7년마다
안식합니다. 러시아 공산당 혁명이 성공한 뒤에 "안식일은 부르조
아들이나 하는 것이지 노동자 농민들이 언제 안식일을 했느냐"하
고 공산정권은 안식일을 없앴습니다. 나중에 노동능률이 안 올라
서 15일제로 고쳤습니다. 그래도 안되어 두번째는 열흘제로 고쳤
습니다. 마지막에 7일마다 안식하는 법으로 되돌아왔습니다. 왜
냐? 그것이 생산성이 가장 높아지는 길이란 것을 알았기 때문입
니다. 하나님이 만드신 7일마다 안식케 하는 법, 그 자체가 하나님
이 만든 인간의 창조생리에 가장 잘 맞습니다. 안식일법은 사람이

안식하는 데에는 최고입니다. 저도 목회하지만 목회하는 자들이 잘못하는 것이 있다고 저 자신도 늘 반성합니다. 교인들은 안식일이 도리어 안쉴일입니다. 새벽기도, 성가대, 교사, 재직회, 저녁예배 … 안식일이 골병드는 날입니다. 저녁 때가 되면 어지럽고 코에 단내가 나고 집에 들어갈 때 아스피린 하나 사가지고 먹게 됩니다. 곧 안식일날에 골병들어버리는 것입니다. 편한 안(安), 쉴 식(息), 노동의 긴장과 인간관계에서 해방되는 것이 안식입니다. 인간은 7일마다, 토지는 7년마다 쉬는 것이 안식입니다.

죽어가는 땅

여러분, 한국에서 심각한 문제는 땅이 생산성을 잃어버리는 것입니다. 1978년에 단군 이래 단위 정보당 최고의 생산력을 올렸습니다. 일본을 앞질렀다고 보도했습니다. 단위 300평당 생산수확고가 최고로 높았습니다. 신문에 마구 보도했습니다. 그러나 다음해부터 생산성이 떨어졌습니다. 왜냐? 땅을 너무 뽑아먹어버려서 지력이 쇠퇴해서 그렇습니다. 그래서 79년부터 지금까지 계속 지력이 떨어집니다. 그래서 신문을 보면 겨울에 '객토넣기'를 강조하는 보도를 볼 수 있습니다. 멀쩡한 논바닥에 새 흙을 자꾸 갖다 넣습니다. 논이 자꾸 높아집니다. 땅이 늙어버렸습니다. 생산성이 뒤떨어집니다. 그러니까 농약을 칩니다. 벌레가 죽어버립니다. 지렁이가 다 죽어버립니다. 시편에 "지렁이보다 못한 인생을 여호와께서 보살피시고"라는 말씀이 있습니다. 아주 영적인 말씀입니다. 지렁이가 얼마나 큰 일을 하는지 모릅니다. 논바닥에 구멍을 다 뚫어서 물이 들어가게 하고 공기가 들어가게 하고 농작물이 잘 자라게 합니다. 땅의 불도저가 지렁이입니다. 그런데 약쳐서 지렁이를 다 죽게 하니까 땅에 누가 구멍을 뚫습니까? 누가 공기를 들어가게 합니까? 지렁이가 없으니까 땅이 딱딱해 죽어버립니다. 비가 오면 다 씻겨가버리고 땅 속에 물이 들어가지 않습니다. 그러니 농작물이 병듭니다. 그러면 또 약을 칩니다. 악순환입니다. 그래서 우리가 지렁이보다 못하다는 말을 농사지어 본 사람은 이해합니다. 그 지렁이를 농약쳐서 다 죽여버리니 얼마나 사람이 어리석습니까?

여러분, 땅이 죽어갑니다. 5천 년 동안 한 해도 쉬지 않게 했으니까 농사가 될 턱이 있습니까? 이스라엘 사람들은 7년마다 쉬게 했습니다. 하나님의 참 묘한 법입니다. 세계에 그런 법이 있습니까? 어떤 철학에 어떤 체제에 어떤 종교에 이런 탁월한 법이 있는 곳이 있습니까? 그래서 우리 민족이 살려면 성경을 제대로 읽고 제대로 실천하고 성경의 기초 위에 서면 우리 민족이 살길이 열린다. 저는 그렇게 확실히 믿습니다.

희년에 실시했던 세 가지

레위기 25장 8절과 9절 말씀을 계속 보겠습니다.

"너는 일곱 안식년을 계수할지니 이는 칠 년이 일곱 번인즉 안식년 일곱 번 동안 곧 사십구 년이라 칠월 십일은 속죄일이니 너는 나팔 소리를 내되 전국에서 나팔을 크게 불지며."

7년을 일곱 번, 사십구 년 그 다음 50년에 희년이 선포되는 것입니다. 여기에서 중요한 세 가지가 있습니다. 성서를 한국에 심어서 민족의 활로를 열어야 되는 기초입니다. 희년에 실시했던 세 가지는 10절에 나타나있습니다.

“제 오십년을 거룩하게 하여 전국 거민에게 자유를 공포하라”

자유를 선포했습니다. 이 자유는 세 가지 의미의 자유입니다.

“이 해는 너희에게 희년이니 너희는 각각 그 기업으로 돌아가며 각각 그 가족에게로 돌아갈지며.”

그동안 50년 동안에 땅은 사고 팔지 못했지만 매년의 수확권은 매매되었습니다. 그러나 희년만 되면 팔렸던 땅이 전부 주인에게 돌아갔습니다. 50년마다 영적인 토지개혁을 실시했습니다. 희년이 선포하는 첫번째 자유는 토지의 개혁입니다. 두번째는 뭐냐? 종 되었던 사람, 감옥에 있던 사람은 희년 나팔소리만 울려퍼지면 전 부 인권회복이 되었습니다. 석방이 되었습니다. 자기 가족에게 다 돌아갔습니다. 정치적 자유입니다. 요즘 말하면 인권회복입니다. 빈부차이가 해소되어 평등한 경제가 되었습니다. 인권이 회복되어 서 정치적 자유를 확보했습니다. 치국평천하의 원리는 정치적인 자유와 경제적인 평등, 두 가지가 핵심 아닙니까? 세번째로는 빚 졌던 사람들의 빚을 다 탕감시켰습니다. 이 세 가지가 희년 나팔이 울려퍼지면 실시되었습니다.

성경과 공산주의의 토지개혁

그런데 우리가 등한시하고 넘어가기 쉬운 것 한 가지가 더 있습니 다. 그 뒤에 나오는 9절입니다. 공산주의는 죽었다가 깨도 평등사 회를 이루지 못합니다. 성경의 토지개혁과 공산주의 사회주의 토 지개혁과 어디서 다른가? 어디서부터 다른지 이유를 분명히 알아 야 합니다. 그 이유를 분명히 모르기 때문에 교회 다니던 청년들도 김일성 주체사상이 괜찮다, 공산주의가 매력있다 라고 말합니다. 역적은 대체로 집안에서 납니다. 스탈린은 신학교 졸업 석달 전에 공산당에 입당한 사람입니다. 칼 마르크스는 목사님의 손자입니다. 교회 다닌다고 다 되는 것이 아닙니다. 신학교 학생이라고 되는 것이 아닙니다. 말씀대로 살고 말씀대로 죽고 예수님의 제자가 되어야 합니다. 예수님의 제자가 되어서 예수님의 진리의 말씀에 생명을 걸고, 인생을 걸어야 됩니다. 그래야 한국의 장래가 열립니다. 교회 많다고 됩니까? 신학교 학생이 많다고 됩니까? 아무리 교회 수가 많아도 허장성세입니다. 25장 9절 말씀을 보겠습니다.

"칠월 십일은 속죄일이니 너는 나팔 소리를 내되 전국에서 나팔을 크게 불지며."

희년이 되어서 토지개혁, 인권회복, 빚 탕감하기 전에 그전에 닷새 전에 무엇부터 하는지 아십니까? 희년의 나팔소리 요벨이 울려퍼지면, 그해에 전 국민이 금식에 들어갑니다. 왜 금식에 들어가느냐? 여호와께서 우리의 죄를 속죄해주신다는 것입니다. 즉 속죄일이라는 것입니다. 나팔소리가 울려퍼지면 전 백성들이 금식에 들어갔습니다. 하나님이 백성들의 죄를 속죄시키고 영과 혼을 깨끗게 하시고, 구원의 백성이 되게 하는 그 금식부터 했습니다. 어떤 경제, 어떤 정치도 하나님의 은혜로 죄사함받은 구원의 역사가 없으면 그것은 땅 위에 바벨탑을 쌓는 겁니다. 그래서 어떤 이데올로기, 어떤 체제, 자본주의도, 공산주의도, 사회주의도, 등소평 체제도, 옐친 체제도, 즉 인간이 땅 위에 세우는 모든 체제는 속죄일 나팔소리에 금식하면서 복음으로 영원히 구원받고 죄사함받고 성령 안에서 하나가 되는 그 감격, 그 구원의 역사, 그 결단 없이는 바로 세워지지 않습니다. 그걸 우리는 확실히 믿어야 됩니다. 거기서부터 시작해야 됩니다. 그 법을 이스라엘 백성들이 바로 지키지 않고 자꾸 빗나가니까 하나님께서 어떻게 하셨습니까?

새 언약, 희년의 선포

예레미야서 31장 31절을 보겠습니다.

 "나 여호와가 말하노라 보라 날이 이르리니 내가 이스라엘 집과
 유다 집에 새 언약을 세우리라."

레위기와 출애굽기에서 그렇게 수차 가르치고 경고해도 이스라엘 백성들은 따르지 않았습니다. 그러니까 하니님께서 이스라엘 백성들은 율법으로 안되겠다 생각하시고 새 언약을 세우시는 것입니다. 이사야서 61장 1절, 2절 말씀을 보겠습니다.

 "주 여호와의 신이 내게 임하셨으니 이는 여호와께서 내게 기름
 을 부으사 가난한 자에게 아름다운 소식을 전하게 하려 하심이
 라 나를 보내사 마음이 상한 자를 고치며 포로된 자에게 자유를
 갇힌 자에게 놓임을 전파하여 여호와의 은혜의 해와 우리 하나
 님의 신원의 날을 전파하여 모든 슬픈 자를 위로하되."

율법으로 안되니까 성령이 임해서 사명을 주시고 여호와의 은혜의 해를 선포한다고 그랬습니다. 은혜의 해가 뭡니까? 희년입니다. 은혜의 해, 요벨의 해, 나팔의 해, 모두 같은 말입니다. 희년을 그렇게 표현했습니다. 이스라엘이 율법으로 정치로 세상수단으로 안되니까 성령이 임하셔서 성령받은 사람들이 복음으로 그걸하

게 합니다. 이것이 새 언약입니다. 우리는 새 언약의 시대에 살고 있습니다. 성령받은 사람들이 율법으로가 아니라 자발적으로 이 땅에 희년을 이루어야 합니다. 정치적으로 50년마다 쉬고 정치적으로 7년마다 농사 안 짓고, 그런 말이 아닙니다. 성령 안에서 이 성서의 진리, 그 자체를 한국 땅에 넘치게 만들어야 됩니다. 이사야서 11장 9절 말씀을 읽고 마치겠습니다.

"나의 거룩한 산 모든 곳에서 해됨도 없고 상함도 없을 것이니 이는 물이 바다를 덮음 같이 여호와를 아는 지식이 세상에 충만할 것임이니라."

물이 바다를 덮음 같이 여호와를 아는 지식이 우리 민족전체를 덮을 때, 골목마다 골짝마다 한라산에서 백두산까지, 심령마다 골목마다 하나님을 아는 지식이 덮을 때에 주님의 나라가 이 땅 위에 이루어질 줄로 믿습니다. 이것이 한국을 성서 위에 세우는 비전입니다. 그 날을 이룰 때까지 우리 성도님들이 다 한 마음 한 뜻이 되어야 됩니다. 그리고 헌신해야 됩니다. 주님의 뜻이 땅 위에 이루어져서 이 땅에서 주님이 영광받으시는 그 시절, 그 세월을 위해서 우리가 전부 하나가 되어야 됩니다. 이것은 성령 안에서 이루어지는 것입니다.

얼마전에 두레마을에 중풍 때문에 앉은뱅이 된 분이 찾아왔습니다. 어떤 기도원에서 두레마을로 보냈습니다. 그 기도원이 유명해서 암환자도 감기낫듯 낫는다는 그런 곳인데 어떻게 그 앉은뱅이 환자가 낫질 않은 모양입니다. 일어서지 못하는 환자인데 뭐라고 쪽지를 적어보냈느냐 하면, '두레마을에 보내면 예수님 같은 목사님이 받아주실 줄 믿습니다.' 그렇게 통보를 해서 보냈습니다. 우리 두레마을 식구들이 화가 나서 "저가 예수하지, 왜 우리에게 예수 떠넘기나? 그 기도원에 돌려보내라. 우리가 뭐 병고치는 덴가?" 그랬더니 같이 온 국민학교 다니는 딸이 "여기서 안받아주시면 갈 데가 없어요" 그러면서 눈물을 흘렸습니다. 우리 두레마을 식구들이 저를 닮아 마음이 약해서 "안되겠다. 받아주자" 받아주었습니다. 제가 봤더니, 어린 딸이 화장실에 갈 때도 일으켜서 바둥바둥거리고 식탁에 나올 때도 무척이나 힘들어보였습니다. 그런데 제가 어떤 집회에 나갔다가 며칠 후에 왔더니 서서 다니고 있었습니다. 그래서 제가 물었습니다.

"어떻게 갑자기 서서 다니십니까? 안수한 것도 아닌데 어떻게 된 일입니까?"

그 어른이 말씀하시길 "목사님, 다른 곳에서는 안받아주시는데 이 마을에서는 받아주시니, 내 마음이 기쁘고 이곳에서는 내가 살다가 마음 편히 죽을 수 있다고 생각하니 마음에 감격이 오고 기쁨이 와 힘이 나서 일어섰습니다" 그럽니다. 우리가 예수님 이름으로 함께 사는 그 자리에 역사가 나타나는 것입니다. 성령의 역사가 나타나는 것입니다. 그것이 바로 코이노니아입니다. 더불어 주님 이름으로 사는 그곳에 주님의 역사가 일어나는 것이 아니겠습니까? 오늘날에 희년은 그렇게 일어날 줄로 믿습니다. 우리가 있는 공장에서, 학교에서, 마을에서 성령님을 모시고 주님을 높이 모시고 찬양하고 살아갈 때에 성서의 희년은 이루어집니다. 성도와 성도가 진정한 코이노니아 교제를 나누고 살 때에 그곳에 성령이 역사하셔서 이 민족을 성서 위에 세우는 날, 물이 바다를 덮음 같이 여호와의 말씀이 온 산천을 덮는 그 날이 임하게 될 줄로 믿습니다.

성서적 경제법

　지금 우리 한국의 현실에서 크리스천들이 꼭 알고 실천해야 할 말씀이 있습니다. 바로 열왕기상 21장 말씀입니다. 열왕기상 21장은 성경 전체에서도 대단히 중요한 부분입니다. 열왕기상 21장에는 왕권과 민권의 문제, 토지문제를 중심으로 한 성경의 경제법, 성경의 경제질서, 사회정의 문제, 권력층에 편들어서 하나님의 나라를 어둡게 하는 직업종교인들의 문제 등 여러 가지 중요한 문제들이 포함되어있습니다. 그 중에서 이번에는 땅문제를 중심으로 한 성경의 경제법을 중심으로 공부하겠습니다. 한국에는 땅문제가 무척 심각하지 않습니까? 얼마전에도 부동산 투기업자 100여 명이 구속이 되고 나라경제가 흔들흔들하는 이런 때에 성경은 우리에게 땅에 대해서 어떤 원칙을 가르쳐주느냐 하는 것은 꼭 공부해야 하는 내용이라 생각합니다.

6공화국의 토지공개념

6공화국이 들어서 경제자체가 흔들리고 토지문제가 심각해지니까 노태우 대통령이 토지공개념을 도입하겠다고 발표했습니다. 과천

정부종합청사에서 정부 장기·중기 정책을 발표했는데 거기에 중요한 것이 두 가지가 들어있습니다. 첫번째는 91년부터 토지공개념을 시작하겠다는 것이고, 두번째는 금융실명제를 빠른 시일 내에 실시하겠다는 것입니다. 저는 농촌에서 농민들과 함께 농사를 지어먹고 사는 목사로서 토지문제에 대해서 깊은 관심이 있습니다. 돈 있는 사람들이 온 토지를 돈으로 잡아버리고 농민들은 소작인으로 내려앉고, 땀 흘려일하는 사람들은 근근히 살아가는데 부동산 투기하는 사람들은 한달에 몇 십억 씩 버니까 사회정의가 흔들리지 않습니까? 이런 것을 막아보겠다고 노태우 정권에서는 토지공개념을 실시하겠다고 했는데 그 내용이 과연 어떨까 상당히 관심을 가지고 있습니다. 토지공개념이란 말은 5공화국 초기에 한참 썼습니다. 헌데 나중에 흐지부지해버렸습니다. 지금 6공화국도 대통령이 토지공개념을 실시하라고 지시를 했는데 구체적인 내용은 아직도 드러나지 않았습니다.

그런데 제가 이것을 이야기하는 까닭은 토지공개념의 가장 모범적인 형태가 성경에 있기 때문입니다. 레위기 25장에는 토지공개념이란 어떻게 해야 하는 것인가에 대한 가장 탁월하고 가장 확실한 기본이 이미 나와 있습니다. 인류역사의 불행은 성경에 나와 있는 경제법을 우리가 채택하지 않고 영국의 아담 스미스로부터 시작된 자본주의, 마르크스로부터 시작된 공산주의 등의 제도가 세계 경제구조를 이루고 있다는 것입니다.

헨리 조지의 성경적 경제법

성경을 중심으로 한 경제법이 채택되지 않았다는 것, 이것이 인류에게 가장 큰 불행이라고 얘기한 사람이 있습니다. 토지공개념에 대해서 성경을 자세히 연구하여 성경의 토지법을 발표한 분이 100여 년

전 미국에 있었습니다. 헨리 조지라는 경제학자입니다. 그는 소위 교과서에 실리지 않은 경제학자라고 합니다. 그럼 그는 어떤 일을 했는가? 그는 "오늘날 세계의 경제문제를 해결할 수 있는 방법은 단 한가지, 성경의 법을 채택하는 수밖에 없다. 오늘날 세계문제, 자본주의의 모순, 공산주의의 부정적인 면, 이러한 것을 다 해결하는 바람직한 해결법은 성경의 경제법, 하나님이 가르쳐주신 경제법으로 돌아가는 것이 유일한 대안이다"라고 했습니다.

예를 들어서 성경 레위기, 민수기, 출애굽기 등에 나오는 경제법을 중심으로 해서 그것을 정책적으로 반영하는 획기적인 효과를 거두고 있는 데가 대만과 홍콩입니다. 대만이 왜 성경의 토지법을 썼는지 이상할 것입니다. 대만인들이 기독교인들도 아닌데 성경의 토지법을 쓴 데는 사연이 있습니다. 장개석 정권이 중국에서 밀려나서 대만 땅에 나라를 세울 때에 경제법의 기본이 되는 토지법을 누구의 의견을 따랐느냐? 중국의 인물 중에 중국의 모택동 정권도 대만의 장개석 정권도 모두 국부로 받드는 손문이란 분이 있었습니다. 중국혁명의 원조입니다. 그분이 제창한 토지제도를 중국, 대만이 모두 채택한 것입니다. 그런데 손문의 토지제도가 왜 성경의 경제법과 관련이 있느냐 하면 그가 헨리 조지의 제자였기 때문입니다. 헨리 조지의 제자 중에는 영국의 처칠, 중국의 손문 등 여러 분이 있습니다. 그런데 손문이 중국의 혁명을 이룬 후 토지공개념이 되는 그 성서의 경제법을 중국대륙에 펼치려했지만 불행하게도 그는 일찍이 죽었습니다. 그래서 서로 손문의 후예들로 자처하는 중국과 대만이 그의 토지법을 채택하였습니다. 중국 본토에서는 공산주의 방법으로 그것을 실시했고 대만에서는 자본주의 방법으로 그것을 실시했습니다.

그래서 대만은 땅은 매우 협소하나 토지투기가 없습니다. 지금 우리보다 경제가 한 발 앞서고 있습니다. 몇 년 전에는 대만이 우리나라에 뒤졌습니다. 그러나 지금은 대만이 우리보다 한 발 앞섰습니다. 대만 정부의 외화 보유고가 700억 불입니다. 반면에 우리는 외채가 300억 불입니다. 대만이 우리보다 앞설 수 있는 이유에는 몇 가지 있지만 첫째로는 정치안정이고 두번째가 토지안정입니다. 대만은 토지투기가 일어나지 않습니다. 왜냐? 토지공개념을 자본주의적 방법으로 시행했기 때문입니다. 손문을 통해 헨리 조지의 성경적 경제법에 접근해있기 때문에 부동산투기는 일어나지 않습니다. 그만큼 우리보다 앞섭니다.

홍콩의 토지법

그리고 전세계를 통틀어 성경의 토지공개념을 가장 잘 실천하고 있는 나라는 홍콩입니다. 홍콩은 성경의 레위기 23장 25절에 나와있는 성경의 토지법과 거의 비슷합니다. 왜냐? 홍콩을 세운 사람들이 기독교인이라서 그럴까요? 전혀 아닙니다. 단지 역사적 우연이랄까, 역사적 문제 때문에 성경의 토지법을 시행하게 되었습니다. 주지의 사실입니다만 영국이 1896년에 중국과 아편전쟁을 일으켰습니다. 영국은 인도에서 생산한 아편을 중국에 무진장 팔았습니다. 어떻게 중국에 영국이 아편을 무진장 팔 수 있습니까? 기독교 국가라면서 말입니다. 그래서 영국을 신사라 하는 말은 어리석은 소리입니다. 자기네 부인들에게 신사고, 자기네 이웃들에게 신사지, 아시아 국가들이나 제3국가들한테 부린 횡포를 보면 그들은 아주 흉악한 사람들입니다.

그래서 중국은 무진장의 아편을 공급하려는 영국과 전쟁을 시작했습니다. 그러나 영국의 무기 앞에 중국이 무릎을 끓었습니다. 영국이 전쟁에 이기자 적반하장격으로 중국에게 보상을 요구했습니다. 그들은 땅을 요구했습니다. 앞으로 중국을 침략할 때 발판이 될 수 있는 교두보로 땅을 요구했습니다. 그때 중국이 어쩔 수 없이 땅을 떼준 것이 홍콩입니다. 좋은 땅을 줄 턱이 없습니다. 억지로 주는데 누가 좋은 땅을 주겠습니까? 중국 전체에서 가장 못 쓰는 땅을 뚝 떼줬습니다. 그런데 그냥 주지 않고 99년 뒤는 중국으로 되돌아갈 땅입니다. 그래서 아무도 그 땅을 사고 팔 수 없습니다. 이것이 성경 레위기 25장 23절과 비슷하게 된 것입니다. 레위기 25장 23절을 보겠습니다. 성경토지법의 핵심이 되는 말씀입니다.

"토지를 영영히 팔지 말 것은 토지는 다 내 것임이라 너희는 나그네요 우거하는 자로서 여호와와 함께 있느니라."

성경의 토지법의 기본은 땅을 사고 팔지 못하는 것입니다. 왜냐? 지주가 한 분 하나님이기 때문입니다. '땅은 나의 것이다. 내 땅을 너희들이 어떻게 사고 파느냐?'는 것입니다. 지주는 야훼 하나님이시고 그 땅을 붙여먹는 사람은 나그네라는 것입니다. 하나님이 수확권만 인정한 것입니다. 농민은 하나님이 소작권만 인정한 소작인인 것입니다. 그러니까 아무도 땅을 사고 팔 수 없습니다. 그런 점에서 성경의 토지법은 자본주의가 아닌 것입니다. 자본주의는 지주제로서 땅을 사고 팔고 마음대로 할 수 있지 않습니까? 그럼 사회주의, 공산주의냐? 그것도 아닙니다. 공산주의는 사유재산권을 인정하지 않습니다. 성경은 땅을 사고 팔지는 못하게 하지만 개인 사유재산은 인정하고 하나님이 맡긴 땅은 자기 땅으로 인정하는 것입니다. 성경적 토지법이 공산주의가 아니라는 데에 확신을 가져야 합니다. 오늘날 공산주의와 자본주의의 양대 이데올로기가 붙어 세상은 모순 속에 있습니다. 자본주의의 모순도, 공산주의의 어두운 면도

극복할 수 있는 것은 성경주의라고나 할까요? 하나님의 법, 하나님의 사회질서로 돌아가는 길, 그것 밖에 없다는 것입니다. 헨리 조지가 바로 이것을 이야기하는 것입니다.

홍콩 얘기로 다시 돌아가겠습니다. 홍콩은 99년 뒤면 땅을 다시 중국에 돌려주어야 되기 때문에 아무도 사고 팔 수 없었습니다. 단지 홍콩시청이 땅을 죽죽 구획을 그어서 땅 쓸 사람한테 빌려주고 땅세만 받습니다. 그것을 '토지단일세'라 합니다. 농사꾼은 땅을 경작하다가 해마다 토지세만 냅니다. 도시에 취직이 되어나가면 그동안 경작하던 땅은 돌려주면 되는 것입니다. 간단합니다. 도시에서 직장생활을 하다가 해고되면 '시골 가서 농사나 짓자'하며 정부에 요청만 하면 됩니다. "전 도시에 살 맘이 없어졌으니 농촌으로 가겠습니다. 제가 농사 지을 땅을 주십시요"라고 하면 정부에서 땅을 줍니다. "어느 지방 어느 땅으로 가시요"라고 하면 그곳에 가서 땅세 내고 농사지으면 되는 것입니다. 만약 직업이 바뀌면 되돌려주면 됩니다. 그렇게 되니 홍콩은 대단히 좁은 땅임에도 불구하고 땅이 남아도는 것입니다. 아무도 필요 이상으로 땅을 차지하려하지 않습니다. 투기도 없고 차지할 사람도 없고, 차지해봐야 아무 소용이 없는 것입니다. 그러니까 필요한 사람들이 필요한 만큼만 토지를 빌려 토지세를 내면 그동안은 자기 땅인 것입니다. 그러나 손떼면 나라땅으로 넘어갑니다. 홍콩에는 세금이 없습니다. 토지세만 받아도 정부가 운영이 됩니다. 세금이 여러 가지가 없으니까 국제적 경쟁력이 생깁니다. 이것이 성경토지법의 기본입니다. 성경의 토지법에 가장 접근하는 경우가 홍콩인 것입니다. 99년간만 영국이 빌리고 그 후에는 중국에 되돌아가기 때문입니다.

성경의 토지법, 희년

그런데 성경에는 희년, 즉 50년 만에 땅을 무르게 되어있습니다.
성경의 토지법의 중심은 희년입니다. 레위기 25장 8절에서 10절
말씀을 보겠습니다.

"너는 일곱 안식년을 계수할지니 이는 칠 년이 일곱 번인즉 안식
년 일곱 번 동안 곧 사십구 년이라 칠월 십일은 속죄일이니 너는
나팔소리를 내되 전국에서 나팔을 크게 불지며 제 오십 년을 거
룩하게 하여 전국 거민에게 자유를 공포하라 이 해는 너희에게
희년이니 너희는 각각 그 기업으로 돌아가며 각각 그 가족에게
로 돌아갈지니."

희년이 되면 희년되는 해 7월 10일에 나팔소리가 울려퍼집니다.
희년 나팔소리가 전국 방방곡곡에 울려퍼지면 세 가지의 역사가
일어납니다.

첫번째, 그동안에 가난해서 팔았던 땅이 다 주인에게 되돌아옵
니다. 땅 자체를 판 것이 아니라 수확권만 팝니다. 땅은 하나님의
것이라 사고 팔지는 못하는 것입니다. 언제까지 파는고 하니 희년
까지 파는 것입니다. 희년이 10년 남았으면 10년치, 40년 남았으
면 40년치를 파는 것입니다. 희년 나팔소리가 울려퍼지는 동시에
땅이 저절로 주인에게 돌아옵니다. 50년마다 토지개혁이 자연스럽
게 일어납니다. 빈부의 차가 자연히 조정되어버립니다. 아무리 돈
많은 사람도 땅을 많이 소유할 수가 없었습니다. 50년이 되면 돈
한푼 받지 않고 주인에게 돌아가버리는데 누가 땅을 사겠습니까?
경제의 평등입니다.

두번째, 종되었던 사람이 해방되어버립니다. 정치적인 자유를

얻습니다. 그래서 성경의 경제법의 기본인 희년이 오면 종 되었던 사람, 감옥에 있던 사람, 억눌렸던 사람이 모두 자유인이 되는 인권회복이 됩니다.

세번째, 불균형을 이루었던 경제가 균형을 이룹니다. 사회개혁입니다. 그래서 성경의 경제법은 경제적 평등과 정치적 자유가 한꺼번에 들어있습니다. 그것이 어디에 들어있느냐 하면 하나님의 안식 속에 있습니다. 이것이 왜 훌륭하냐 하면 세계 어느 나라, 어떤 체제, 어떤 이데올로기도 정치의 자유와 경제의 평등을 한꺼번에 이루어내지는 못합니다. 자본주의는 한 가지는 얻고 한 가지는 잃었습니다. 자본주의는 자유는 얻고 평등은 잃었습니다. 공산주의는 반대입니다. 평등은 얻고 자유는 잃었습니다. 한쪽씩 잡았습니다. 공산주의는 평등주의입니다. 시아버지 동무, 오마니 동무, 동무 동무 하며 평등을 부르짖는 것입니다. 물론 북한은 평등 중에도 빈곤의 평등입니다. 가난의 평등인 것입니다. 그러나 평등을 얻고 자유를 얻지 못했습니다.

자유 없는 평등, 평등 없는 자유

얼마전 미국에 갔을 때 북한에 갔다오신 목사님 한 분이 북한은 교육도 무료이고 의료가 무료고 하며 하도 북한 칭찬을 하길래 민망스러워서 제가 "거 참 좋으네요, 저는 맨날 판자집에서 철거만 되고 살았는데 북한은 정부에서 집을 다 지어주니 참 좋으네요. 그런데 한 가지 물어봅시다. 북한에서는 이 동네에서 저 동네로 이사갈 때 마음대로 다닙니까?"라고 물었습니다. 그랬더니 "아, 그것은 허가를 받아야지요" 합니다. 그래서 "참 불편하겠네요. 그러면 이북에서 TV나 라디오 들었습니가? 채널이 몇 갭디까"하고 물으니 TV건 라디오건 국영방송 한 채널에만 고정되어있다고 합니다. 따라서 정부가 방송하는 방송만 들어야지 채널선택의 자유가 없습니다. 그래서 저는 "거 뭐 불편하겠네요"라고 했습니다. 그분 말씀이 "그럼 남한은 방송이 자유로운가요?"하고 반문하시길래 "목사님, 우리 공평합시다. 제가 뭐 남한이 꼭 좋다는 것이 아니지만 공평해야지요. 남한도 방송이 정부관할하에 있기는 하나 북한과 다른 것은 채널이 5개라는 것입니다. KBS1방송, KBS2방송, MBC방송, SBS방송, 교육방송 해서 5개입니다. 채널 하나로 봐서는 남한이 5배 나은 것입니다. 이북이 하나밖에 없는데 말입니다. 그러니까 그것도 같이 말씀하셔야지요. 북한의 좋은 점, 남한의 좋은 점, 북한의 나쁜 점, 남한의 나쁜 점을 함께 얘기하셔야 하지요"라고 했습니다. 공산주의는 평등은 얻었는데 자유를 잃었습니다. 자본주의는 자유는 있는데 평등이 희생당합니다.

하나님의 안식 안에 있는 평등과 자유

그러나 성경의 사회질서, 경제질서는 그렇지 않습니다. 희년이 되면 종 되었던 사람들이 다 자유의 몸이 됩니다. 불균형을 이루었던 경제가 평등경제로 돌아갑니다. 이것이 성경의 희년입니다. 그런데 왜 이것이 우리한테 중요한가? 성경의 사회질서, 경제법은 경제로서만 있는 것이 아니라 가장 인간에게 중요한 안식, 하나님의 안식이 기본을 이루고 있기 때문입니다. 하나님 안에서 안식하는 것, 신약으로 말하면 예수님 안에서 우리 영혼이 구원받는 것, 예수님 안에서 우리 영혼이 안식하는 것입니다. 경제법도 정치적 자유도 하나님의 안식 안에 세워져있습니다. 그래서 가장 영적인 희년법이 가장 현실적입니다. 이것이 성경의 경제법입니다.

그런데 우리 성도들에게는 문제가 있습니다. 신령한 성도들은 현실에 어둡고 "아멘"하며 천국만 생각하니 천국 쳐다보다가 시궁창에 빠지는 격입니다. 현실적인 사람들은 영적이 아닙니다. 매일 계산기 두드리다가 주일이 지나간 줄도 모르고 십일조 헌금도 잊어버립니다. 또 영적인 교인들은 현실에 어둡습니다. 그러나 성경의 토지법은 가장 영적이며 가장 현실적입니다. 토지경제법은 하나님 안에서의 안식, 그 뿌리 위에 서있습니다. 그 하나님 안에서의 안식에 대하여 에베소서 2장 5절을 봅시다.

"허물로 죽은 우리를 그리스도와 함께 살리셨고."

옛날에 우리가 그리스도를 모를 때는 영적으로 죽어있었는데, 육에 속해있었는데, 예수님과 함께 영으로 살았다는 이야기입니다. 영의 사람이 된 뒤에, 거듭난 뒤에, 신령한 백성이 된 뒤에 어떻게 했습니까? 6절을 봅시다.

"또 함께 일으키사 그리스도 예수 안에서 함께 하늘에 앉히시니"

이 말은 우리가 지금은 서울에 살고 있는데 사실은 예수님 안에서는 하늘에 앉아쉬고 있다는 말입니다. 우리가 지금은 대구와 혹은 남양만에 살고 있으나 영적으로는 하늘에 앉아있는 것입니다. 예수님 안에서 쉬고 있는 것입니다. 그래서 성경의 경제, 정치, 사회질서의 가장 기본에는 안식이 있습니다. 그래서 안식일, 안식년, 희년이 하나로 엮어지는 것입니다. 안식일은 엿새 동안 일하고 사람이 쉬는 것입니다. 안식년은 여섯 해 동안 땅을 붙여먹고 땅이 쉬는 것입니다. 희년은 안식년이 일곱 번 지나서 50년 만에 사회질서, 체제 전체가 쉬는 것입니다. 이 기본이 하나님 안에서의 안식에 뿌리를 두고 있는 것입니다. 그래서 이것이 가장 영적이고, 은혜의 깊이가 가장 현실적인 땅문제, 인간의 자유문제, 평등문제 이 모든 것에까지 미쳐있는 것입니다.

땅의 안식

땅의 안식이 얼마나 중요한 줄 아십니까? 저는 농촌에 사니까 참 성경하고 척척 맞아서 '도시목사님들 안됐다. 이거 읽어봤자 감이 잡히겠나? 확실히 농촌목사가 목사답다'고 혼자 생각해봅니다. 레위기서 25장 1절과 2절 말씀을 봅시다.

"여호와께서 시내산에서 모세에게 일러 가라사대 이스라엘 자손에게 고하여 이르라 너희는 내가 너희에게 주는 땅에 들어간 후에 그 땅으로 여호와 앞에서 안식하게 하라."

땅은 여호와께서 주신 땅입니다. 그 땅으로 여호와 앞에서 쉬게 하라는 것입니다. 3절 이하의 말씀을 봅시다.

"너는 육년 동안 그 밭에 파종하며 육년 동안 그 포도원을 다스려 그 열매를 거둘 것이나 제 칠년에는 땅으로 쉬어 안식하게 할지니 여호와께 대한 안식이라 너는 그 밭에 파종하거나 포도원을 다스리지 말며."

땅이 그냥 쉬는 것이 아니라 하나님 앞에 쉬는 것입니다. 안식일은 엿새 동안 일하고 사람이 쉽니다. 그리고 6년 동안 소출을 내고 7년째에는 땅이 하나님 앞에서 쉽니다. 사람도 하나님 앞에서 쉬었습니다. 왜냐? 엿새 일하고 하루 쉬는 것이 가장 인간생리에 맞도록 하나님이 창조해놓으신 것입니다. 닷새 일하고 하루 쉬는 것도 안 좋고, 열흘 일하고 하루 쉬는 것도 안 좋고 딱 엿새 일하고 하루 쉬는 것이 가장 좋습니다. 이것이 하나님 앞에서 안식하는 것입니다. 이것이 얼마나 중요한 것입니까?

박정희 대통령이 일도 많이 했는데 왜 정치에 실패했느냐? 왜 중간에 못할 짓도 하고 허무하게 끝났느냐 하면 여러 가지로 말할 수 있겠지만 정치구호가 나빴습니다. '중단없이 전진.' 사람이 중단을 해가면서 일해야 하는데 무슨 중단없는 전진입니까? 그것은 하나님에 대한 거역입니다. 엿새 일하고 하루 중단하라고 하나님이 정해놓으셨습니다. 안식이라는 것은 하나님 앞에서 안식하는 것입니다. 그와 같이 땅도 6년 농사짓고 7년째는 쉬어야 합니다. 그런데 한국은 무엇이 문제냐 하면 5000년 동안 땅이 쉬어본 적이 없습니다. 5000년 동안 계속 빼먹으니까 땅이 골병이 든 것입니다. 땅이 지쳐서 죽어버린 것입니다. 왜냐? 다음 해의 생산량을 미리 다 빼먹은 것입니다. 그래서 지금도 생산량이 계속 떨어집니다. 땅을 쉬게 하지 않고 계속 뽑아먹으니까 땅이 지친 것입니다. 땅이 지쳤으니까 병듭니다. 병이 드니까 농약을 치는데 농약을 치면 나쁜 벌레만 죽는 것이 아니라 좋은 벌레도 다 죽습니다. 지렁이도 죽고 거미도 죽습니다. 농작물 사이에 지렁이가 들어가서 물이 들어가고 산소가 들어가야 하는데 농약을 쳐서 지렁이가 다 죽어버리니까 땅이 굳어버립니다. 그래서 식물의 뿌리가 산소공급의 부족으로 병이 듭니다. 병이 드니까 또 농약을 치고 땅이 산성화가 됩니다. 알카리성이나 중성이어야 하는데 땅이 산성이 되니까 농작물도 산성이 됩니다.

산성 농작물을 먹으면 사람에게 무슨 현상이 생기느냐? 두 가지 현상이 생깁니다. 화가 잘 나고 여러 가지 저항력이 약해집니다. 산성체질이 되면 툭하면 감기에 걸리고 부스럼이 생기고 신경질이 잘 납니다. 요즈음 사람들 얼마나 신경질이 많습니까? 그것은 벌써 체질이 그렇게끔 되어있어서 화가 잘 나는 것입니다. 건드리면 조건반사적으로 화가 터지는 것입니다. 부부가 별거 아닌 일에 짜증이 나거든 '우리 음식이 나쁘구나. 두레마을의 자연식품을 먹어야 하겠구나' 하십시오. 왜냐? 저는 자신있게 말할 수 있습니다. 농약 넣지 않고 퇴비만 넣으면 땅의 산성이 고쳐집니다. 중성으로 고쳐지는 것입니다. 그러면 농작물도 고쳐집니다. 그러면 농작물이 튼튼해지고 세포세포가 단단해져서 병균이 잘 붙지 않습니다. 병이 거의 없을 뿐만 아니라 건강합니다. 아이들이 건강하면 감기에 잘 걸리지 않는 것과 마찬가지입니다. 아이들이 약해지면 약 먹이고, 병나면 또 약 먹이는 것과 마찬가지이지요. 그런데 성경에는, 그 옛날에 어떻게 6년 농사짓고 1년 쉬게 하라는 법이 나왔는지, 이것은 하나님의 지혜입니다.

세계 어떤 종교, 어떤 철학, 어떤 농사법에도 6년 농사짓고 1년 안식하게 하라는 법은 없습니다. 성경에만 있는 것입니다. 그것은 왜냐하면 하나님이 인간을 보호하시기 위한 안식이기 때문입니다. 땅을 7년마다 쉬게 한 후, 안식년을 7번 지낸 후 50년마다 사회체제도 쉽니다. 빈부차이가 해소되고 영적 개혁이 일어나는 것입니다. 50년마다 사회가 다 평준화되니까 무산대중에 의한 혁명이 일어날 필요가 없습니다. 민중봉기가 일어날 필요가 없는 것입니다. 인권운동을 부르짖고 나올 필요가 없습니다. 7년마다 안식년이 되면 땅만 쉬는 것이 아니라 종으로 팔렸던 사람을 다 풀어줍니다. 7년만 종살이를 하면 다 자유인이 되는 것입니다. 인간해방이 되는 것입니다. 인간화가 되는 것입니다. 그러니 이 얼마나 사회를 분쟁없이 갈등없이 만드는 아름다운 법입니까? 이 법을 교인들이 모르고 교회도 잘 모르고 있습니다. 역사에 소위 기독교 국가라 하는

나라는 많았지만은 성경의 법을 실천하는 국가는 없었습니다. 교
인은 많지만 성경대로 사는 교인은 적듯이 기독교 국가는 많지만
성경의 법을 채택한 나라는 없었던 것입니다. 이것이 세계 비극의
뿌리인 것입니다.

그래서 이 성경의 경제법을 어떻게 우리 실정에 맞게 우리 시대
에 도입하느냐가 문제입니다. 온 땅의 주인은 하나님이시고 우리
는 모두 그 땅의 소작인, 나그네라는 이 법이 어떻게 현실적으로
적용되느냐? 이것이 토지공개념의 기본인 것입니다. 50년마다 희
년의 요벨 나팔소리가 울려퍼지면 땅이 전부 제자리로 돌아가고
종이 해방되고, 빚졌던 것이 모두 탕감되는 것입니다. 그렇게 사회
가 평등화가 되어버립니다.

첫번째 희년 나팔소리

맨 첫번째로 성경에서 요벨소리가 울려퍼졌던 것은 여호수아서 6장
20절, 21절에 있습니다.

> "이에 백성은 외치고 제사장들은 나팔을 불매 백성이 나팔소리
> 를 듣는 동시에 크게 소리질러 외치니 성벽이 무너져내린지라
> 백성이 각기 앞으로 나아가 성에 들어가서 그 성을 취하고 성 중
> 에 있는 것을 다 멸하되 남녀노유와 우양과 나귀를 칼날로 멸하
> 니라."

이 기사는 여호수아 장군을 중심한 이스라엘 백성들이 여리고
성을 둘러선 장면입니다. 여러분께서는 성경을 읽을 때 중요한 부
분을 잘 포착하여야 합니다. 여기서 전투부대 앞에 누가 서는지 아
십니까? 전투병이 아니라 제사장들이 앞서서 나팔을 분 것입니

다. 법궤가 앞서고 나팔을 불고 전투부대는 뒤에 따르는 것입니다.
하나님의 나팔, 권능의 나팔인 것입니다. 첫번째 나팔이 울려퍼질
때 여리고 성은 무너졌습니다. 그래서 이스라엘 백성들이 여리고
성을 점령했습니다. 그 뒤 희년이 올 때마다 희년 나팔소리가 울려
퍼지면 땅이 제자리 돌아가고 종이 해방되고 빚졌던 것이 탕감되
고 50년마다 영적 사회개혁이 일어났습니다. 그러니까 이스라엘
백성들이 그 희년 나팔소리를 제대로 불었을 때는, 성경말씀을 인
용하자면 "자기 포도밭에서 백성들이 안연히 살았더라"처럼 이스
라엘은 평화로왔던 것입니다. 이스라엘 백성들이 바알을 따르면서
희년을 지키지 않으면 하나님의 채찍이 임했습니다. 그래서 이스
라엘 역사를 희년을 중심으로 보면 아주 기막힙니다.

마지막 희년 나팔소리

마지막 나팔소리는 신약 고린도전서 15장에 나와있습니다. 여호수
아서 6장 20절에서 시작된 요벨 나팔소리가 마지막으로 불려지는
것은 언제냐? 고린도전서 15장 51절, 52절 말씀입니다.

"보라 내가 너희에게 비밀을 말하노니 우리가 다 잠잘 것이 아니
요 마지막 나팔에 순식간에 홀연히 변화하리니 나팔소리가 나매
죽은 자들이 썩지 아니할 것으로 다시 살고 우리도 변화하리
라."

마지막 나팔소리는 주님이 재림하시는 나팔입니다. 공중에서 울
려퍼지는 나팔소리입니다. 재림의 나팔입니다. 그래서 여호수아서
6장 23절의 첫번째 요벨소리로부터 마지막 우리 주님이 내려오실
때 하늘에서 울려퍼지는 나팔소리의 중간에 우리가 사는 것입니

다. 우리는 지금 마지막 나팔소리를 기다리면서 사는 것입니다. 주님 오실 날을 기다리면서 사는 것입니다.

그런데 이상하게 그 나팔소리가 몇 년도에 있을 것이라고 호언장담하는 사람들이 있습니다. 「92년에 나팔소리가 들린다」라는 책이 요즈음 베스트셀러입니다. 서울의 성경공부반에서 "목사님, 92년에 주님 오신다는데 그것이 사실입니까? 그 책을 어떻게 생각하십니까?"라며 한 권 사다주는 것이었습니다. 그래서 제가 대충 봤더니 92년에 주님이 오신다 하더군요. 그것은 헛소리입니다. 이유여하를 막론하고 주님이 몇 년도에 오신다고 말한다는 그것은 거짓말입니다. 성경의 '내가복음'에는 있을지 몰라도 마가복음, 누가복음에는 그런 것이 없습니다. 벌써 '몇 년도'라 하면 헛소리입니다. 그것은 저의 이야기가 아닙니다. 주님 오시는 나팔소리는 내일 울릴지라도 500년 뒤에 있을 듯이 믿음으로 기다리고 100년 뒤에 울릴지라도 내일 울릴 듯이 준비해야 합니다. 그것이 말세를 기다리는 신앙인데 우리 한국교회들은 좀 호들갑스럽습니다. 자꾸 몇 년도 붙이기를 좋아합니다. 여러분들은 언제 오시는가, 그 문제에 대하여서는 결론을 내버리시길 바랍니다. 대답은 성경에 있습니다. 성경대로 믿어버리면 되는 것입니다. 데살로니가전서 5장을 봅시다. 성경 66권 중에서 예수님의 재림에 대해서 가장 깊게 쓴 책이 데살로니가전서, 후서라 합니다. 그 중에서도 데살로니가전서 4장, 5장을 주님 재림에 대하여 가장 극적으로 써놓아서 재림장이라 합니다. 4장 16절을 읽겠습니다.

"주께서 호령과 천사장의 소리와 하나님의 나팔로 친히 하늘로 좇아 강림하시리니 그리스도 안에서 죽은 자들이 먼저 일어나고."

천사장의 소리와 하나님의 나팔 요벨소리로 주님이 오신다는 말입니다. 그때 우리가 공중에서 주님을 맞이한다는 것입니다. 그 요벨소리는 첫번째로 여호수아 6장 29절 여리고성이 무너질 때 울려퍼졌습니다. 그런데 마지막 나팔소리의 '시기'는 데살로니가 전서 5장 1절에 있습니다.

"형제들아 때와 시기에 관하여는 너희에게 쓸 것이 없음은 주의 날이 밤에 도적 같이 이를 줄을 너희가 앎이라."

간단합니다. 마지막 요벨소리는 밤에 도적같이 온다고 하였습니다. "몇 년도 며칠날 갈테니까 집 비워놓으시오"하고 오는 도적이 있습니까? 도적은 그냥 확 들이닥치는 것입니다. 따라서 몇 년도에 온다, 며칠날 온다 하는 것은 터무니없는 소리입니다. 그러니까 마지막 나팔소리 요벨소리를 기다리는 우리는 내일 나팔소리가 울릴지라도 100년, 200년 후에 올듯이 할 일을 다해야 하는 것입니다. 땅 위의 사명을 다해야 하는 것입니다. 그리고 1000년 뒤에 오실지라도 오늘 저녁때 오실 듯이 기름을 준비하고 있어야 하는 것입니다.

그리스도 안의 안식

그런데 중요한 것은 우리가 아직 마지막 나팔소리는 안들었지만 하나님의 품 안에서 살고 있다는 것입니다. 그리스도 안에서 안식하고 있다는 것입니다. 따라서 주님 재림 후에 하나님 앞에서 안식하는 것이나, 지금 땅 위에서 안식하는 것이나 안식은 이미 얻어진 것입니다. 이미 구원에 참여한 것입니다. 그러니까 주님이 언제 오시느냐가 중요한 것이 아니란 말입니다. 지금 내가 주님 안에서 안식하고 있느냐, 내 영혼이 주님 안에서 평안과 감사를 누리고 있느냐 하는 것이 중요한 것입니다. 그런데 자꾸 시기에만 집착을 가지고 '아이구 언제나 오실까, 준비해야 될텐데, 준비해야 될텐데'라고 합니다. 믿음의 뿌리가 얕은 것 같습니다. 믿음도 있고, 열심도 있고, 간증도 하고, 십일조 헌금도 하는데 예수님 안에서 안식하는 것이 없는 것입니다. 중요한 것은 우리 믿음의 가장 중요한 주님 안에서의 안식, 땅이 쉬게 하는 것, 사회체제가 쉬게 하는 것, 가난한 사람을 돌보는 것이 다 안식년, 희년 속에 들어있다는 것입니다. 이 안식년이 왜 기막히냐 하면 땅이 쉬게 하는 것 뿐만 아니라 그 속에 가난한 사람들을 돌보는 법이 다 들어있기 때문입니다. 출애굽기 23장 10절을 봅시다.

"너는 육년 동안은 너의 땅에 파종하여 그 소산을 거두고 제 칠년에는 갈지 말고 묵여 두어서 네 백성의 가난한 자로 먹게 하라 그 남은 것은 들짐승이 먹으리라 너의 포도원과 감람원도 그리할지니라."

그것이 왜 기막힌 법인가 하면 땅을 6년 동안 갈고 7년째는 하나님 앞에 쉬게 하는데 그해에도 포도는 열린다는 것입니다. 그리고 파종은 아니하지만 작년 떨어진 씨에는 싹이 난다는 것입니다. 그럼 그것을 다 거둬들이느냐 하면 그것이 아닙니다. 그것은 없는 자들의 몫인 것입니다. 과부와 고아와 나그네들의 몫일 것입니다. 그리고 사람이 먹은 후에는 들짐승들이 먹는 것입니다. 하나님의 법은 전 생태계를 다 돌보는 것입니다. 들짐승까지 하나님이 다 배려하시는 것입니다. 안식년이 아닌 보통때도 신명기에는 추수할 때 곡식을 다 거둬들이지 말고 가장자리 몇 고랑은 남겨두라고 하였습니다. 고아와 과부와 나그네들이 먹도록 두라는 말입니다. 들짐승도 먹도록 두라는 것입니다. 그런데 우리는 너무하지 않습니까? 꿩이 내려온다고 약을 놓아잡고, 틀은 놓아 노루를 잡으면 횡재라며 피를 뽑아먹습니다. 얼마나 각박한지요. 그러나 하나님은 들짐승도 나그네도 다 참여할 수 있도록 다 그 몫을 남겨놓은 것입니다.

성경의 사회복지제도

성경을 깊이 읽어보면 옛날부터 사회복지제도가 있었음을 알 수 있습니다. 아주 자연스러운 사회복지제도가 그 당시에 이미 있었던 것입니다. 그 중요한 하나님이 세우신 복지제도의 근본이 바로 '십일조헌금'입니다. 그런데 우리 한국교회는 십일조헌금을 거둬들이는 것은 성경적으로 거둬들이는데 쓰는 것은 성경적으로 하지 않습니다. 농담이 아닙니다. 거둬들이는 것이나 쓰는 것이나 다 성경적으로 해야 하지 않습니까? 어떤 목회자가 설교하는 것을 들어보니 "야, 이 십일조 떼먹는 도적놈들아!"하며 몇년치 십일조를 내놓게 하고서는 쓸 때는 성경적으로 안씁니다. 왜 제가 성경적으로 안쓴다고 말하느냐? 신명기 26장 12절을 봅시다.

"제 삼년 곧 십일조를 드리는 해에 네 모든 소산의 십일조 다 내기를 마친 후에 그것을 레위인과 객과 고아와 과부에게 주어서 네 성문 안에서 먹어 배부르게 하라."

여기서 고아와 과부와 나그네를 먹게 하라 했습니다. 불쌍한 사람을 구제하고 어려운 사람을 돕고 사회복지에 쓰라는 것입니다. 만약 우리가 십일조를 고아와 과부와 나그네와 불쌍한 사람들을 위해 안쓰면 성경적이 아니라는 말입니다. 성경 전체로 봐서 십일조헌금의 용도는 네 가지였습니다. 첫번째로는 레위인, 즉 지금으로서는 목사님, 사찰집사님 등 교회에 전임으로 일하는 분을 위해 썼습니다. 레위인들은 성전 받들고 교회일 하는 것이 전업이었습니다. 두번째로는 성전 관리비입니다. 지금으로 말하면 건물 관리입니다. 수도세, 수리비, 전기세 등등 말입니다. 세번째로는 고아와 과부를 돌보는 것입니다. 그 사람들은 노동력이 없기 때문입니다. 네번째로는 나그네, 외국인입니다. 그들은 땅의 배당이 없습니다. 조상때부터 땅의 몫을 받았는데 그들은 땅이 없으니까 가난할 수밖에 없습니다. 그러니까 나그네를 돌보라는 것입니다. 이것이 성경이 규정하는 십일조의 용도인 것입니다. 다시 말해서 십일조의 용도는 레위인 돌보는 것, 성전 관리하는 것, 고아나 과부같이 노동력이 없는 자들을 돌보는 것, 땅이 없는 나그네와 직업이 없는 실업자를 돌보는 것입니다.

그런데 지금의 한국교회는 성전 관리하고 목회자, 사찰 월급 드리고 하는 것으로 다 끝나버리고 고아나 과부, 나그네를 돌보는데는 십일조 헌금을 안 쓰는 실정입니다. 매우 심각한 문제입니다. 그래서 서울대학 사범대의 손봉호 교수는 고려파교회 장로님인데 어느날 어떤 사람이 물었습니다. "장로님, 저는 십일조헌금과 구제헌금을 잘 내는데 교회가 구제사업에 쓰지 않고 교회 안의 일에 다 써버리니 어떻게 하면 좋겠습니까?" 그러자 손 교수는 "그러면 직접 구제비로 쓰십시오. 교회가 교회 안에서만 헌금을 다 써버리면 그 헌금을 직접 구제비로 쓰십시오"라고 얘기했다고 합니다. 저는 "본교회 십일조 내는 것이 원칙인데 본교회 십일조 씀씀이가 시원찮다 싶으면 경우에 따라서 특별한 경우에 구제비나 어려운 사람 돕는 데 쓸 수 있겠지요. 그런데 그때에 상대방한테 '이것은 십일조입니다'하고 쓰면 되지 않겠습니까?"라고 얼버무립니다. 사실은 그말이 그말입니다.

그런데 한국교회의 강사로 불려다니시는 사람 중의 어떤 강사는 십일조 자체를 무시해버립니다. 전 연세대학의 사학과 교수인 김동길 의원입니다. 그분은 십일조는 구약의 법이지 현대에 무슨 십일조냐고 합니다. 십일조를 내면 자연히 복지가 이루어지고 가난한 사람을 구제하는 구약때에나 십일조지 지금의 십일조는 시대에 맞지 않는다는 것입니다. 저는 그것에 찬성하지 않습니다. 중요한 것은 원 십일조의 뜻에 맞게, 하나님의 경제법에 맞게 쓰는 것이지 그것을 구약의 법이라고 하는 것에는 찬성할 수가 없습니다. 우리가 강조해야 하는 것은 이 구약의 경제법, 헌금법의 기본이 가난한 사람을 구제하는 데 쓰는 것이라는 것입니다.

그래서 가장 이상적인 것은 무엇이냐? 지금의 교회가 십일조를 그런 취지로 쓰는 것입니다. 다른 도리는 없는 것입니다. 교회가 가난한 노동자나, 빈민이나, 농민이나, 지역사회의 보호자 없는 고아나, 과부나 어려운 분들을 위해서 헌금을 쓰고 균형있게 쓰고 예산집행하면 그것이 바람직하지 않겠습니까? 중요한 것은 하나님의 경제법에 안식년도 희년도 가난한 자들을 그렇게 배려했다는 것입니다.

희년 토지법의 파괴

그래서 본문 열왕기상 21장 21절의 나봇의 포도원 사건으로 인해서 구약의 토지법의 문제가 대두됩니다. 그때부터 예언운동이 불붙기 시작한 것입니다. 왜냐? 희년법이 왜 깨지기 시작했느냐? 희년법이 시작된 것은 BC 1400년 여호수아가 가나안 땅에 들어갈 때부터 시작되었는데 이것이 언제 깨어졌느냐? BC 880년 열왕기상 21장 나봇의 포도원 사건때, 바알우상이 이스라엘에 들어오면서

희년제도가 무너지기 시작한 것입니다. 그러니까 이 열왕기상 21
장이 대단히 중요합니다. 열왕기상 21장을 보겠습니다.

"그 후에 이 일이 있으니라 이스르엘 사람 나봇이 이스르엘에 포
도원이 있어 사마리아 왕 아합의 궁에서 가깝더니"(1절).

이스르엘이란 북쪽 이스라엘에 있는 제2의 도시입니다. 이스르
엘에 나봇이란 이름의 농사꾼이 있었습니다. 그는 조그마한 포도
밭을 경작하는 그저 평범한 농사꾼입니다. 이 사람이 평범하게 포
도밭을 가꾸어 살아가는데 무슨 비극이 일어났느냐 하면 불행하게
도 그 포도밭이 청와대 옆에 있었던 것입니다. 왕궁 옆에 있었던
것입니다. 그런데 이 왕궁의 왕은 하나님의 법을 무시하는 아합왕
이었던 것입니다.

"아합이 나봇에게 일러 가로되 네 포도원이 내 궁 곁에 가까이 있
으니 내게 주어 나물 밭을 삼게 하라 내가 그 대신에 그보다 더
아름다운 포도원을 네게 줄 것이요 만일 합의하면 그 값을 돈으
로 네게 주리라"(2절).

무척 합리적인 제안같지요? 아합의 이 제안은 하자가 없는 것
같습니다. 왕으로서는 성의껏 다한 것입니다. "네 포도밭이 네 왕
궁 곁에 있는데 그것을 우리 채소밭으로 하겠다. 왕궁에 식구가 불
어나니 채소가 모자라서 채소밭을 하겠다. 그 대신에 그보다 더 좋
은 포도밭으로 바꾸어주겠다. 아니면 현찰로 주겠다"고 제안한 것
입니다. 더 아름다운 포도밭을 주는 것, 아니면 돈을 주는 것 이
두 가지의 제안은 대가를 치르고도 더 좋은 밭을 준다는 매우 후한

제안이 아닐 수 없습니다. 그러나 그것은 올바른 제안이 아니었습니다. 하나님의 법에 어긋났기 때문입니다. 사고 파는 것은 바알의 법입니다. 나봇이 그 포도밭의 지주라면 그럴 수 있습니다. 그러나 포도밭의 주인은 하나님인 것입니다. 하나님이 지주인데 소작인이 어떻게 바꾸고 팔고 합니까? 그럼 하나님이 지주인 것이 언제 정해졌습니까? 민수기 26장 55절 말씀을 보겠습니다.

> "오직 그 땅을 제비 뽑아 나누어 그들의 조상 지파의 이름을 따라 얻게 할지니라. 그 다소를 물론하고 그 기업을 제비 뽑아 나눌지니라."

여호수아 장군이 가나안 땅에 들어갈 때 빈 땅을 차지한 것입니까? 아닙니다. 가나안 족속, 헷 족속, 여부스 족속이 더 좋은 무기, 더 많은 인구로 차지하고 있던 땅을 한 치 한 치 피를 흘려 점령한 것입니다. 그 땅을 제비뽑았습니다. 그래서 이 골짝은 어느 지파, 저 골짝은 어느 지파로 제비뽑은 몫을 자기의 '기업'이라 하였습니다. 기업이란 말은 성경에서 아주 중요한 말입니다. 성경에서 기업이란 말이 나오면 이스라엘 백성들이 가나안 땅을 점령하여 제비 뽑았을 때 자기 앞에 떨어진 몫으로 인식해야 합니다. 비록 제비뽑아 얻은 땅이지만 하나님이 주셨다는 말입니다. 따라서 성경에서의 기업이란 '하나님이 주신 자기의 몫'인 것입니다.

꼭 농사만 얘기하는 것이 아닙니다. 만약 구멍가게를 경영하시는 분이라면 그 구멍가게가 자기의 몫인 것입니다. 소유주는 하나님인 것입니다. 하나님이 앉으신 그 의자가 그 기업이며 우리는 그것에 인생을 걸어야 합니다. 가정주부는 가정이 자기 기업이고 목회자는 그 자리가 그 기업인 것입니다. 회사가 크든 작든 하나님이 주신 자기의 기업이 얼마나 중요한지요. 하나님이 주신 자기의 몫이 다 소중합니다. 그런데 한국교인들은 은혜받았다 하면 남자는 모두 신학대 가서 목회자 되려고 하고 여자는 사모되려 합니다. 다 목사하고 사모되면 그들의 월급은 누가 줍니까? 은혜받을 때 그 자리가 바로 기업인 것입니다. 교수로 은혜를 받았으면 그 자리가 기업이고 상인으로 은혜받았으면 그 자리가 기업인 것입니다.

나봇의 포도원이 자기 땅이 아닌 것은 옛날에 하나님께서 조상들에게 주신 기업이기 때문인 것입니다. 나봇은 그 땅을 자기 조상에게서 물려받았고 또한 후손에게 물려주기 위해서는 그 땅을 팔 수 없었습니다. 만약 자기가 팔아버리면 후손에게 물려줄 땅이 없어져버리지 않습니까? 그래서 자기가 어려운 처지에 처해서 자기의 수확권만 팔았을 경우에도 다시 돌아오는 것입니다. 자기는 죽어도 아들에게 돌아오는 것입니다. 바로 경제평등이 이루어지는 것입니다. 얼마나 귀한 법입니까? 왕이라면 좀 차지할 수 있지 않느냐고 한다면 그 법 역시 성경에 나와있습니다. 에스겔서 46장 18절 말씀을 봅시다.

"왕은 백성의 기업을 취하여 그 산업에서 쫓아내지 못할지니 왕이 자기 아들에게 기업으로 줄 것은 자기 산업으로만 할 것임이니라 백성으로 각각 그 산업을 떠나 흩어지지 않게 할 것이라."

왕이라고 자기 조상으로부터 받지 않은 것을 사거나 뺏거나 한 것을 자손에게 유산으로 주면 하나님의 법이 아닌 것입니다. 그것은 하나님의 질서를 깨는 것입니다. 그래서 이것이 하나님이 왕되신 사회인 것입니다. 따라서 왕도 농민도 하나님 앞에선 모두 평등입니다. 재산에서 차등이 생기면 벌써 평등이 깨진 것입니다. "주머니가 회개해야 진짜 회개하는 것"이라는 격언도 있습니다. 재산이 평등해야 그 사회가 평등한 것입니다. 액수를 가지고 말하는 것이 아닙니다. 하나님이 주신 정당하고도 합법적이고도 성경적인 규례를 지켜야 하는 것입니다. 그것이 성경의 법인데 왕이라고 그걸 달라고 하면 안되는 것입니다. 그러면 왜 그런 법이 있느냐? 그것을 안지킨다고 구원 못받는 것이 아닙니다. 오해하시면 안됩니다. 구원에 관계된 법은 아닙니다. 성경에는 율법과 규례가 있는데 이 둘의 다른 점은 율법은 우리 영혼에 관계된 법이고 토지법은 규례인 점입니다.

율법과 규례

성경을 읽고 깨닫고 받아들이는 데는 두 가지 원칙이 있습니다. 첫째는 요한 복음 20장 31절입니다.

> "오직 이것을 기록함은 너희로 예수께서 하나님의 아들 그리스도이심을 믿게 하려 함이요 또 너희로 믿고 그 이름을 힘입어 생명을 얻게 하려 함이니라."

성경은 우리로 하여금 믿고 구원얻게 하려 함인 것입니다. 예수께서 그리스도 구세주이신 것을 믿고 생명을 얻게 하려 함인 것입니다. 그것이 빠지면 기독교는 설 자리가 없습니다. 아무리 성경의 경제법이 탁월해도 성경은 경제교과서가 아닙니다. 아무리 성경의 역사가 탁월해도 성경은 역사교과서가 아닌 것입니다. 성경은 읽는 이로 하여금 믿고 구원받게 하는 것이 첫번째 목적입니다. 그런데 문제는 그것만 알면 안된다는 것입니다. 이 땅 위에 있는 동안에 사회질서, 경제, 심지어 무엇을 먹으라는 음식법까지 성경에 다 나와있는 것입니다. 그럼 그런 것들이 왜 나와있느냐? 그것을 안지킨다고 구원 못받는 것이 아닙니다. 레위기 25장 18절 말씀을 인용하자면 "너희는 내 법도를 행하며 내 규례를 지켜 행하라 그리하면 너희가 그 땅에 안전히 거할 것이라"처럼 규례란 율법 밑에 있는 부속법입니다. 구원받은 하나님의 백성에게 땅에서의 안전을 보장한 법입니다. 말하자면 율법은 헌법격이고 규례는 지방자치법 격인 것입니다. 다시말해 규례는 구원과는 관계없고 땅에 있는 동안의 안전보장인 것입니다.

대표적인 것이 레위기서의 '피를 먹지 말지니라'한 것이 있습니다. 왜 피를 못먹게 했을까요? 혹자는 "그건 옛날 이스라엘 사람들이나 지키던 법이지 요즈음이야 없어서 못먹지 않소?"하며 피를 잘 먹습니다. 그런데 가만히 성경을 보면, 피를 먹지 말라는 것은 하나님께서 자기 백성이 땅에 있는 동안 건강을 지켜주려 한 규례인 것입니다. 전에 이상구 박사도 말씀하셨듯이 짐승은 죽을 때 자기가 죽을 것이라는 것을 알고, 죽기 싫어 슬퍼하고 비탄에 빠진다고 합니다. 소가 도살장에 갈 때, 가기도 전에 미리 웁니다. 무척 가슴아프고도 놀랍습니다. 그런데 그냥 이웃집에 팔려갈 때는 울지 않습니다. 짐승이라고 무시하면 안됩니다.

저희가 양계장을 하는데 화난 사람이 양계장에 들어가면 닭이 피합니다. 부부싸움을 했거나 험담을 하고 난 사람이 들어가면 갑자기 닭이 전투태세를 취하고 쫓으려 달려듭니다. 그런데 아주 기분좋은 마음의 사람이 들어가면 닭들이 아주 평화스럽게 놉니다. 마치 온도계 같습니다. 그래서 우리 식구들한테 화가 나는 일이 있더라도 닭장에 들어갈 때는 마음을 가라앉히고 인사하고 들어가라고 했습니다. "아줌마들 안녕하세요"내지는 "신사님들 안녕하세요"라고 말입니다. 화를 낸 사람이 닭장에 들어가 계란을 집어오거나 쪼아대는 닭을 발로 차면 그때의 달걀 생산량은 뚝 떨어집니다.

그래서 사람들이 알아서 안 들어갑니다. 얼마나 닭이 영리한 줄 모릅니다. 사람의 느낌을 압니다. 두레마을에 선인장 밭이 있었습니다. 선인장 재배에 취미가 있는 사람을 선인장 전담으로 붙였더니 선인장들이 춘하추동 꽃을 잘 피워 보기 좋았습니다. 그런데 그가 두레마을을 떠나고 선인장에 관심없는 사람에게 그 일을 맡겼더니 저번과 똑같은 환경이었는데 선인장이 이상하게 시들시들하고 병이 났습니다. 그래서 우리가 "자네 우리 모르게 죄 지은 것 아닌가? 벌써 선인장이 눈치채는 것 좀 보게. 자수하게. 벌써 선인장이 사람 바꿔달라고 데모하지 않아?"하며 놀리니까 그 사람은 "나 참!"하고 웃습니다. 식물들도 신기하게도 사람의 정을 압니다. 농사꾼들은 논에 나갈 때 벼에게 인사합니다. 혼자서 벼에다 대고 뭐라 뭐라 중얼댑니다. 벼가 알아 듣는다는 것이지요. 하나님이 지으신 삼라만상에는 둔한 인간들이 느끼지 못하는 무언가가 있습니다. 하나님께서 땅에 있는 우리를 위해 먹는 것 하나에도 규례를 정했습니다. 짐승의 피에는 죽기 전의 그 슬픈 마음, 답답한 마음, 그리고 원망의 마음들이 쌓여서 그 속에 독소가 가득하다는 것입니다. 그 독이 얼마나 독한지 그 짐승의 피 속의 독소를 추출하여 소량을 마시게 되면 즉사한다고 합니다. 이렇게 사람한테 해로우니까 성경말씀에 피는 먹지 말라는 규례가 나와있는 것입니다.

그런데 부자들이 노루같은 짐승들을 사냥하여 그 자리에서 피를 받아마시고는 정력에 좋다고 좋아들하지만 정력에 좋기는 커녕 고혈압으로 쓰러지거나 당뇨가 와서는 맛있는 음식도 못먹고 한숨만 쉽니다. 세계에서 태국 코브라를 가장 많이 수입하는 나라가 한국입니다. 정력이라면 한국사람들, 특히 한국남자들이 정신을 못 차립니다. 코브라를 꺼내다가 물려죽은 사람이 없나, 코브라 고기를 먹다가 그게 장 속에서 덩어리가 되어 수술한 사람이 없나, 천태만

상입니다. 그 수술한 사람이 두레성경공부반에 나오는데 뱀이고 뭐고 닥치는대로 먹어 괜히 고생만 했다고 투덜거립니다.

예수님 없는 사람들은 문제가 심각합니다. 돈이 남아돌아도 문제, 시간이 남아돌아도 문제입니다. 우리는 말씀에 입각한 바른 재물, 바른 사고방식, 바른 가치관을 가져야 됩니다. 우리는 성경으로 돌아가야 합니다. 성경의 규례는 우리에게 안전보장인 것입니다. 레위기에 비늘없는 고기는 먹지 말라 했습니다. 땅에서 기는 뱀장어 같은 고기는 먹지 말라는 것입니다. 왜냐? 요즈음 의학으로도 밝혀졌다시피 비늘없는 고기는 콜레스테롤이 많기 때문입니다. 땅바닥에만 붙어 잘 움직이지 않으니 공해를 가장 많이 흡수한다는 것입니다. 그것이 규례입니다. 우리들의 건강, 안녕, 복지를 위한 성경말씀인 것입니다. 그래서 구약을 옛날 법이라고 던져버려서는 안됩니다. 따라서 경제법이든 토지법이든 식사법이든 하나님께서 왜 이런 규례를 만드셨을까 하고 기도하는 마음으로 깊이 연구해야 할 것입니다.

이상구 박사의 식사법 중에 자기 교리인 안식교 교리에 관계된 것은 좀 심하긴 하지만 전체적으로 성경적이고 옳은 이야기인 것 같습니다. 예를 들어, 사람이 많이 웃으면 엔돌핀이 많이 나온다는 말을 했습니다. 그러자 약국에 엔돌핀이란 약을 사러온 손님들이 많았다고 합니다. 그러나 우유를 먹지 말라고 하는 말에는 찬성할 수 없습니다. 우유가 얼마나 좋은 식품인데 먹지 말라는 것입니까? 무엇이든 지나치면 그런 현상이 나타납니다. 우리는 하나님께서 그 규례를 제정하신 '땅 위에서의 안전'이라는 원칙을 존중해야 합니다. 하나님께서 희년이니 안식년이니 하는 토지경제법을 주신 것도 마찬가지로 땅 위에서의 안전을 위한 법이라는 말입니다.

나봇의 포도원 사건

그런데 그런 것이 언제부터 깨어졌느냐? 열왕기상 21장의 나봇의
포도원사건에서부터 입니다. 21장 3절 말씀을 읽겠습니다. 아합왕
은 포도밭을 받는 대신 더 좋은 포도밭을 주든지 돈으로 주겠다는
합리적인 제안을 했습니다. 그러나 그것이 하나님의 법을 거스르
는 것이었기 때문에 평범한 이스르엘 사람 나봇은 하나님의 법을
지키고 사는 사람으로서 다음과 같이 말했습니다.

"나봇이 아합에게 말하되 내 열조의 유업을 왕에게 주기를 여호
와께서 금하실지로다."

여호와께서 금하신 것입니다. 왕의 말을 듣는 것은 하나님에 대
한 불순종이라고 왕의 청을 거절한, 얼마나 귀한 농사꾼입니까?
하나님을 모시고 처자식 거느리고 사는 뚝심있고 어수룩한 이스르
엘 백성인 나봇을 왕은 높이 사고 표창을 해야 할 것입니다. 그런
데 이 아합왕은 엉뚱하게도 "이스르엘 사람 나봇이 아합에 대답하
여 이르기를 내 조상의 유업을 왕에게 주기를 여호와께서 금하실
지로다 함을 인하여 아합이 근심하고 답답하여 궁으로 돌아와서
침상에 누워 얼굴을 돌이키고 식사를 아니하니"(왕상 21:4)에서 처
럼 자존심 상해했습니다. '내가 왕인데 제가 감히 뭐라고 하나님만
앞세우고 내 말을 안들어?' 하며 괘씸해했습니다. 그래서 하나님
의 법 때문에 이러지도 못하고 저러지도 못하고 괴로워하던 차에
이세벨이 등장한 것입니다. 5절 말씀을 읽겠습니다.

"그 아내 이세벨이 저에게 나아와 가로되 왕의 마음에 무엇을 근
심하여 식사를 아니하나이까 왕이 이르되 내가 이스르엘 사람

나봇에게 말하여 이르기를 네 포도원을 내게 주되 돈으로 바꾸
거나 만일 네가 좋아하면 내가 그 대신에 포도원을 네게 주리라
한즉 저가 대답하기를 내가 내 포도원을 네게 주지 않겠노라 함
을 인함이로라"

여기서 아합왕은 나봇이 하나님의 법을 어기기 때문에 안된다고
한 것은 빼고 인간 대 인간으로서 안된다고 한 것만 이야기한 것입
니다. 그러니 아합이 영적인 바탕이 없는 왕이며 세속적인 왕인 것
입니다.

그런데 우리가 한 가지 알고 넘어가야 할 것은 아합이 통치한 기
간에는 경제가 부흥되고 안보체제가 발달되었다는 것입니다. 아합
은 경제를 부흥시키고 중앙집권력을 높이고 안보를 강화해서 세상
적으로는 아주 정치를 잘한 왕이었습니다. 그런데 세상적인 부국
강병이지 하나님의 법을 무시한 것입니다. 하나님이 빠지고 부국
강병한 것으로 민족적으로 아주 큰 문제가 되어버린 것입니다. 그
것 때문에 이스라엘 민족이 망하게 된 것입니다. 하나님 없는 부국
강병은 그 민족이 망하는 기틀입니다. 이것이 정치의 근본입니다.
이러한 역사철학, 정치철학이 열왕기상 21장에 다 포함되어 있는
것입니다. 국민이 합일될 수 있는 정신적 구심점, 정통성, 도덕성,
영적인 바탕을 무시해버리고 효율성만 찾고 부강만 찾고 경제성장
만 찾으면 계급의 분화가 생기고 빈부차가 생기고 불안요소가 생
겨서 그것이 나라의 기반을 흔들어버리는 것입니다. 그래서 세상
적으로 부국강병하지 않고 경제부흥하지 않고 군사강화하지 않고
야훼 하나님의 법대로 자율농민들이 자기 포도밭, 자기 농장에서
자기 신앙을 지키며 평안히 살아갈 때 이스라엘은 튼튼했습니다.
그러나 하나님의 법을 버리고 바알을 도입해서 세상부귀를 찾을

때 그 나라의 존립기반이 흔들렸습니다. 사회모순이 축적된 것입니다.

판자촌과 1억의 프리미엄?

제가 지난 번에 옥수동을 갔는데 옥수동 지하철역에서 저는 무척 충격을 받았습니다. 옥수동 산비탈의 판자집들을 도시재개발사업 때문에 지난해에 모두 강제철거했습니다. 뚜렷한 대책이 없이 철거를 하니까 철거민들이 시위를 했습니다. 그래서 전투경찰들이 최루탄을 쏘고 방망이를 휘두르고 강제철거하느라고 시끌벅적했습니다. 도시계획법에 따라서 철거하는 것까지는 좋다고 합시다. 문제는 그 자리에 현대에서 60평짜리 아파트를 지은 것입니다. 제가 간 날이 아파트 분양하는 날이었습니다. 그런데 아파트값 외에 한 호당 프리미엄, 웃돈이 1억쯤 되었습니다. 벌써 아파트값 외에 프리미엄이 1억이 붙었는데 분명히 주부같이 보이는 여자분들이 그 추첨권을 사려고 악다구니를 치는데 참 안됐습니다. 눈에 돈독이 올라 얼굴이 돈 색깔이지 사람 색깔이 아니었습니다. 이 사람들이 내가 가도 "한 건 있습니다"하고 매달리는데 "정신들 차리시오. 목사요, 목사"하니까 "목사는 밥 안 먹고 사남"합니다. 그 여자분들이 모두 가정주부같음을 보고 '저런 부인 데리고 사는 남편은 매우 딱하다. 수류탄을 안고 살지 어찌 저런 부인과 함께 살꼬? 참 딱하다, 딱해'라는 생각이 들었습니다. 저녁에 남편이 들어오면 "돈!"하며 벌떡 일어날 사람들입니다. "아파트!"하면 깜짝 깰 사람들입니다.

그런데 제가 정작 충격을 받은 것은 그것 때문이 아닙니다. 제가 뭐 판자촌 문제의 전문가라 할 수 없지만 판자촌 문제에 거의 20년 몸담은 사람입니다. 판자촌 선교에서 시작하여 판자촌 철거로 농촌으로 내려왔으니까 거의 제 분야라 잘 압니다. 5공화국 때는 물론이지만 6공화국 들어와서도 정치가 이러면 안됩니다. 민중세력을 자꾸 양산시켜주는 정치입니다. 판자촌 문제 하나를 가지고 이야기하는 것입니다. 왜냐? 그 영세민들의 집을 철거했으면 그 자리에 1억 프리미엄 붙는 고급 아파트를 세우면 안됩니다. 거기 철거된 사람들을 위해 10평짜리 아파트나 연립주택을 세워야 합니다. 10평이 아니라도 좋습니다. 8평 아니, 7평이라도 그 사람들은 고마워할 사람들입니다.

그런데 그런 사람들을 모두 내쫓아버리고 1억의 프리미엄이 왔다갔다하는 고급 아파트를 지으니까 쫓겨난 사람들이 무슨 생각을 합니까? '이 놈의 세상 뒤집어지지 않나? 뒤집어져야 할텐데……'라는 생각을 하는 것입니다. '세상이 뒤집어져야 내가 저놈의 아파트에 들어가볼텐데……'하고 말입니다. 그래서 그들이 운동권 학생들에게 기대하는 것입니다. '요새 운동권 학생들이 노동자, 빈민, 농민들로 무언가를 만든다는데 그들에게 기대나 해볼까'해서 노학연대가 일어나는 것입니다. 그 자리에 10평짜리 아파트를 아담하게 지어서 직장이 없는 사람에게는 물값만 받고, 좀 형편이 나은 사람에게는 3만원만 받고, 좀 더 나은 사람에게는 5만원 받고 해서 나중에 많이 나아진 사람들에게는 시내의 일반 아파트로 가라고 권유해야 합니다. 이것이 자유경제체제하에서 복지제도를 통해 저변 기층민을 보호하고 그들이 반체제 세력으로 가지 않게끔 보호하는 법입니다. 농사를 지어도 나귀를 키워도 포도밭을 가꾸어도 가난한 사람들을 위해 십일조를 내고 언제나 가난한 자를 위해 규례를 정했던 성경의 법하고 통하는 것입니다.

그래서 서구 사회민주주의 국가들은 서민아파트를 지어 직장이 없는 사람들에게는 돈을 안 받고 그 사람이 직장이 생기면 수입에 따라서 아파트값을 정해 받습니다. 가난한 사람을 위해서 뿐만 아니라, 있는 사람들이 발뻗고 자려면 가난한 사람들을 보호해야 합니다. 없는 사람들이 이빨을 갈지 않아야 있는 사람들이 마음놓고 사는 것입니다. 그런데 세상에 판자촌민들을 쫓아내고 최루탄을 쏘고 거기에다 60평짜리 호화 아파트를 지어 1억의 프리미엄 운운하면 거기서 쫓겨난 사람들은 눈이 뒤집어지는 것입니다.

그래서 제가 "서울시청 도시개발과에 간첩이 있는거 아닌지 모르겠다, 간첩이 있길래 이 사회를 이렇게도 갈라놓으려고 들지 그렇지 않고서는 그 뻔한 정치를 왜 안하랴"고 성도들에게 말하면 "목사님, 그래서 현 정권이 영세민을 위해 아파트를 2만 동을 짓는다는 것, 신문에서 못 보셨습니까?"라고 반문합니다. 그건 모르는 소리입니다. 서울의 옥수동은 중심지입니다. 그리고 그곳에 살던 판자촌 사람들은 아무리 3평, 4평짜리 아파트라도 일터가 거기에 있습니다. 껌장사를 하든 우동장사를 하든 그 부근에 살아가는 생존권이 있습니다. 그런데 이것을 철거하고 변두리로 쫓아보내면 아무리 좋은 아파트를 주어도 먹고 살 자리가 없으니 모처럼 생긴 아파트도 팔아버리고 다시 그 자리로 오는 것입니다. 껌장사도 우동장사도 자기구역이 있는 것입니다. 심지어 넝마주이도 얼마나 구역이 철저한지 모릅니다. 제가 넝마주이를 할 때도 다른 구역의 사람이 들어오면 칼부림이 났습니다. 다 자기 구역이 있는 것입니다. 이것을 모르는 사람들이 그런 말을 하는 것입니다. 없는 사람은 변두리로 쫓아버리고 시내 중심지에는 60평짜리 아파트를 지어 1억의 프리미엄 운운하는 것은 정치의 근본을 모르는 것입니다.

문익환 목사님의 방북

그러니까 문익환 목사님 같은 분이 평양가서 '민중, 민중'하는 것입니다. 저는 그분을 존경합니다. 그분은 깨끗하고 신의있고 순진한 분입니다. 마음이 착하고 순진하고 정치를 모릅니다. 정치를 안다면 그 시기에 북한에 안갑니다. 이 어른과는 70년대에 징역을 같이 살기도 했는데 그 어른의 신앙이나 본심은 인정하지만 저와 그분과는 다른 관점이 한 가지 있습니다. 문익환 목사님이 평양 봉수교회에서 연설을 했습니다. 입추의 여지가 없이 빽빽이 들어찬 교인 앞에서 "민중의 죽음이 예수의 죽음이요, 민중의 부활이 예수의 부활이올시다. 예수처럼 죽었으나 부활한 노동자가 있습니다. 전태일 군입니다"라고 했습니다. 전태일군은 평화시장에서 노동자의 생존권을 위해 헌신하다가 안되니까 분신자살을 했습니다. 그것이 70년대 초입니다. 그 전태일 군은 감리교 신자로서 청년회 회장까지 했습니다. 이 전태일 군이 부활했다는 것입니다. "남한의 수많은 전태일 군이 외세배격과 민중의 해방과 조국의 통일을 위해 죽을 각오가 되어있습니다. 고로 조국의 통일은 멀지 않았습니다"라고 연설을 했더니 기립박수가 11분 50초 동안 이어졌다고 합니다.

저는 문익환 목사님이 평양간 것이 좋다 나쁘다 하지 않습니다. 그러나 어떻게 민중의 죽음이 예수의 죽음이고 민중의 부활이 예수의 부활이어서 전태일이 부활했다는 것입니까? 그 설교를 미국에 있는 침례교 목사님이 듣고 충격을 받았다고 합니다. 그 목사님이 그 설교를 듣고 잠도 못자고 밥도 못먹었다고 합니다. 같은 목사가 어떻게 생각이 그렇게 다를 수가 있나 하고 말입니다. 그래서 저는 한참 생각을 해보았습니다. 4천만을 민중, 반민중 갈라놓고 북한의 2천만과 합쳐서는 안됩니다. 남한의 민중과 북한의 인민이 합쳐진다고 우리 민족이 행복해집니까? 문 목사님도 징역 살고 저도 징역 살아보았습니다. 그런데 우리가 남한 독재자를 대항해서는 목숨걸고 징역까지 살고 매맞았는데 북한 독재자를 포용해주면 어떻게 되느냔 말입니다. 독재자는 독재자로서 규탄하고 선포하는 것이 구약의 예언자들의 메시지인 것입니다. 구약의 예언자들은 엘리야도, 엘리사도, 아모스도 분단된 이스라엘의 상황에서 남쪽 독재자도 북쪽 독재자도 다 규탄했습니다. 다 회개하라랬습니다. 따라서 성경의 예언자들은 남쪽, 북쪽 모든 곳에서 탄압 받았습니다. 한국의 목사님들이 남한 독재자는 목숨걸고 규탄하고 북한의 독재자는 포용하고 이마에 붉은 띠를 두르고 목청을 돋운다면 어떡합니까? 또는 그 반대로 남쪽 지도자를 위해서는 조찬 기도회를 열고 북쪽 지도자는 규탄하기만 하면 어떻게 되는 겁니까? 저는 문익환 목사님이 너무 순수하셔서 그런 행동이 미치는 시대적, 정치적 파급 전체를 보지 못하셔서 그런 것이 아닌가 생각합니다.

성경 속에 참 길이 있다

제가 얼마전에 삼성그룹의 이사, 상무진 270명에게 2시간씩 3번 설교를 했습니다. 그런데 그 얼마 뒤에는 제가 현대중공업에 가서 파업지도부 밑에서 마지막까지 파업을 고수하던 385명에게 2시간동안 설교를 하였습니다. 상반된 성격의 청중들이었습니다. 참 무엇이라 말해야 할지 한참 생각하고 기도했습니다.

삼성에 가서는 노동자들하고 나누어먹어야 된다고 했습니다. "당신들이 엘리트라고 고급 승용차 타고 비싼 아파트에서 살면서, 노동자들은 자식들 방도 없고 교육비도 없으면 당신 상무 자리가 얼마나 가겠습니까? 위 사람에게 잘 보이려 하지 말고 아랫사람에게 잘 보이십시오. 시대가 변해서 밑에서 흔들면 당신들은 뚝 떨어져 버립니다"고 말입니다. 또 현대의 노동자들에게는 제 경험을 쭉 얘기하면서 "우리 시대는 허리띠 졸라매고 참아야 되는 시대입니다. 월급 5년 안 올려줘도 좋으니 위대한 나라 만들어 일본을 제치고 세계선진국이 되어 우리의 아들대에 사람답게 살게 합시다. '돈 안 받고 잔업할테니 일하고 수출합시다' 그렇게 나라사랑하는 마음으로 일하십시오. 정주영씨 보고 일하지 말란 말입니다. 5천년의 한 많은 눈물을 사장이, 노태우가 씻으리라 생각하지 말란 말입니다. 우리 노동자, 농민들이 우리 민족, 우리 나라를 위대하게 만들자는 말입니다. 우리가 사명감을 가지고 위대한 한국을 만듭시다"라고 말했습니다.

　제 생각에는 '있는 사람들'이 철이 없는 것 같습니다. 현대중공업 파업이 그렇게 꼬일 일이 아닌 것입니다. 그래서 저는 현대중공업 간부들에게 "왜 그렇게 어리석게 일합니까? 정주영 회장 뚝심은 잘 아는 바지만 지금 뚝심 가지고 됩니까?"라고 했습니다. 정주영 회장이 혼자 살 때에 뚝심이지, 없는 사람 바닥층의 설움을 모르는 것 같습니다. 없는 사람들도 사람대접 받자는 것입니다. 그래서 성경의 가난한 사람에 대한 법도 그들을 사람대접하라는 것입니다. 야훼 하나님 앞에 왕도 빈민도 고아도 과부도 모두 같은 사람이라는 것입니다. 다 같은 사람으로 같이 살라는 것이 가난한 사람에 대해 성경이 가르치는 법입니다. 노동자대우 하지 말고 사람대우 하라는 것입니다. 정주영 회장이 보신탕집에 가서 소주 마시며 보신탕 고기 먹으면서 다 벗고 땀흘리면서 툭 털어놓고 얘기하면 됩니다. 사나이 대 사나이로 얘기하면 노동자들과 얘기가 됩니다. 노동자들이 얼마나 착한 줄 아십니까? 얘기가 잘 되면 "좋습니다, 우리 같이 잘 해봅시다"할 사람들입니다. 이러한 맥을 못 짚고 공권력 동원을 하고 난리를 피니 일이 꼬이고 꼬이는 것입니다. 그래서 재벌이 되든, 정치를 하든, 공무원이 되든, 성경을 꼭 보아야 합니다. 예수님 안믿어 천당을 못가더라도 살아 생전에 땅 위에서 안전하도록 말입니다. 그런 점에서 우리가 성경을 연구한다는 것은 얼마나 중요한 일입니까? 바로 성경 속에 참 길이 있기 때문입니다.

사람을 기르는 일

통일한국 · 성서한국 · 선교한국

21세기가 눈앞에 다가왔습니다. 21세기는 우리들에게 무엇을 뜻하겠습니까? 바로 통일된 조국, '통일한국'을 뜻합니다. 통일된 한국은 어떤 한국이어야 하겠습니까? '성서한국'이어야겠습니다. 누가 '성서한국'이 아닌 다른 한국을 제시할 수 있겠습니까? 공산주의 한국을 제시하겠습니까, 자본주의 한국을 제시하겠습니까, 아니면 퇴폐한국을 제시하겠습니까? 우리가 신라 천 년하면 불교신라를 생각하고 이조 오백 년하면 유교시대를 생각하게 되듯이 다가오는 '통일한국'이면 '성서한국'을 생각하게 하자는 것입니다.

그렇게 꿈꾸고, 기도하고, 힘쓰고, 그리고 그렇게 되리라고 믿자는 것입니다. '성서한국'이 된 다음에, 그 다음에 해야 할 일은 무엇이겠습니까? 바로 '선교한국'입니다. 십자가의 도가 인류구원의 마지막 길이라는 확신을 지니고 십자가의 깃발을 들고서 세계로 뻗어나가는 한국이 되자는 것입니다. 가까이 일본은 경제를 자랑합니다. 이웃 중국은 숫자를 자랑합니다. 그리고 태평양 건너

미국은 무기를 자랑합니다. 우리 '통일한국'은 무엇을 자랑하여야
겠습니까? 바로 복음을 자랑하게 하자는 것입니다.

　"유대인은 표적을 구하고 헬라인은 지혜를 찾으나 우리는 십자
　가에 못 박힌 그리스도를 전하니 유대인에게는 거리끼는 것이요
　이방인에게는 미련한 것이로되 오직 부르심을 입은 자들에게는
　유대인이나 헬라인이나 그리스도는 하나님의 능력이요 하나님
　의 지혜니라"(고전 1:22—24).

　위의 말씀을 우리 한국인들은 다음과 같이 읽을 수 있어야겠습
니다.

　"일본인은 달라를 구하고 미국인은 무기를 찾으나 우리는 십자
　가에 못박힌 그리스도를 전하니 일본인들에게는 우스운 것이요
　미국인에게는 미련한 것이로되 오직 부르심을 입은 한국인에게
　는……그리스도는 하나님의 능력이요 하나님의 지혜니라."

　성서에 담긴 진리의 말씀으로 세워지는 '통일한국'을 이루어 그
'통일한국'이 세계선교에의 깃발을 들고 세계로 뻗어가는 꿈, 그
것이 바로 '통일한국', '성서한국', '선교한국'에의 꿈이라 하겠습
니다. 그렇다면 그 꿈을 이루어나감에 있어 가장 중요한 것이 무엇
이겠습니까? 그 꿈이 꿈으로만 끝나지 않고 이 땅에서 현실로 드
러나게 하려면 우리가 무엇부터 하여야겠습니까? 바로 그 일을
담당하여나갈 일꾼을 기르는 일입니다. 준비된 사람들이 그 일을
이루어나가겠기 때문입니다. '통일한국'도, '성서한국'도, 그리고
'선교한국'도 모두가 사람이 이루어나가기 때문입니다. 하나님께

서는 준비되어 헌신하는 사람들을 통하여 그 일을 이루시기 때문입니다. 이제 한국교회는 개교회 성장에만 매달릴 때가 아닙니다. 산 속에 수십억 원씩 들여 기도원 지을 때도 아닙니다. 이제는 교파간에 장막을 쌓고 내 교단이 제일이라고만 할 때도 지났습니다. 지금은 다가오는 21세기에 '통일한국'을 이끌어나갈 사람을 길러야 할 때입니다. 복음으로 길러진 일꾼들이 민족의 내일을 책임지게 하여야 할 때입니다.

네게서 날 자들이

오늘의 한국교회 전체에 주시는 하나님의 말씀이 있습니다. 큰 교회도 작은 교회도 다 함께 뜻을 합하여 이루어나가야 할 시대적인 사명입니다. 바로 이사야서 58장 12절의 말씀입니다.

"네게서 날 자들이 오래 황폐된 곳들을 다시 세울 것이며 너는 역대의 파괴된 기초를 쌓으리니 너를 일컬어 무너진 데를 수보하는 자라 할 것이며 길을 수축하여 거할 곳이 되게 하는 자라 하리라"(사 58:12).

우리가 성경말씀을 대할 때에 명심하여야 할 바의 첫째가 있습니다. 바로 지금 읽는 그 말씀이 지금의 우리에게 무엇을 말씀하시느냐는 점입니다. 그런 뜻에서 위의 말씀이 오늘의 한국교회에 주시는 뜻이 무엇이겠습니까? "네게서 날 자들이……"란 말씀에서 '네'는 바로 한국교회입니다. 너희 한국교회가 길러내는 일꾼들이 오래 황폐한 곳들을 다시 세우게 하라는 말씀입니다. 그리고 너희 교회는 대를 물려오면서 파괴되어온 역사의 기초를 다시 쌓으라는 것입니다. 성경은 우리들의 삶의 자리가 황폐되어있음을 전제로

합니다. 이 땅 위의 정치도 경제도 교육도 백성들의 삶의 자리 전체
가 황폐되어있다 합니다. 대대로 물려오면서 백성들의 삶의 기초
가 파괴되어왔음을 전제로 합니다. 그러니 그렇게 파괴되고 황폐
되어온 역사의 현실을 어떻게 할 것이냐? 너희 교회가 길러내는
일꾼들로 바로잡게 하라는 것입니다. 이 본문의 영문판 번역에서
는 다음과 같이 번역된 경우가 있습니다.

"You shall raise up the foundation of many generations."

이 번역에 따르면 본문의 뜻은 한결 깊고 분명하여집니다. 영어
문장에서 쓰여지는 미래 조동사는 will과 shall입니다. will과 shall
은 단순미래와 의지미래 두 경우로 쓰임새가 달라지고 그리고 인
칭에 따라 쓰임새가 달라집니다. 예를 들어 2인칭의 경우 You wi-
ll이라 쓰면 단순미래가 되고 You shall이라 쓰면 의지미래가 됩니
다. 그런데 단순미래와 의지미래의 차이 중에 두드러진 것이 무엇
이냐 하면 의지미래의 경우에는 말하는 사람의 의지가 상대방에게
들어간다는 점입니다. 그런 뜻에서 위의 본문 "You shall raise up
……"의 번역은 "네가 일으킬 것이라"고 번역되는 것이 아니라 "내
가 너로 하여금 일으키게 할 것이라"로 번역될 것입니다. 다시 말
하자면 하나님께서 지금 한국교회에 말씀하시기를 "한국교회야,
내가 너로 하여금 오고 있는 세월의 기초를 일으키게 하겠다"는 것
입니다. 그 기초를 어떻게 일으키게 하시느냐? 황폐한 민심을 다
시 세우고 무너져온 역사의 기초를 다시 쌓을 일꾼을 너희 교회가
길러내어 그 일꾼들로 그 일을 담당케 하시겠다는 것입니다. 당연
히 한국교회는 이 일에 "아멘"으로 응답하여야 합니다. 온 교회가
하나님 앞에 무릎꿇고 "감사합니다. 이 일을 전심으로 감당하겠습

니다”고 응답하여야 합니다. 그렇다면 21세기 ‘통일한국’을 이끌어나갈 일꾼들의 자질은 어떠하여야겠습니까? 어떤 자질의 일꾼들을 뽑아 어떻게 길러야 21세기 ‘통일조국’을 이끌어나갈만 하겠습니까?

1. ‘탁월성’있는 일꾼

21세기 ‘통일한국’을 이끌어나갈 일꾼이 갖추어야 할 자질의 첫째는 탁월성(卓越性)입니다. 뛰어난 젊은이들을 뽑아 뛰어나게 길러야겠습니다. 여기서 ‘뛰어나다’는 말을 지능이 뛰어난 것에만 국한시켜서는 안되겠습니다. 지능에만 치우치면 지능이 뛰어나지 못한 젊은이들은 일꾼이 될 수 없다는 말로 되어버리기 쉽기 때문입니다. 물론 지능이 뛰어난 것이 중요합니다. 그러나 일꾼됨에 있어 지능보다 더 중요한 것이 있습니다. 바로 ‘진실성’입니다. 큰 뜻을 이루어내겠다는 ‘정열’입니다. 그리고 인생을 살아가는 ‘진지성’입니다. 그리고 역경을 뚫어내는 ‘돌파력’입니다. 이런 점들에 골고루 탁월한 젊은이들이 뽑혀지고 길러져야 합니다. 그런데 탁월성에 있어 다른 어떤 조건보다 더 중요한 것은 성경적인 기준입니다. 성경에서 말하는 탁월한 일꾼은 어떤 일꾼이겠습니까? 바로 요셉 같은 일꾼입니다. 다니엘 같은 일꾼입니다. 느헤미야 같은 일꾼입니다.

“바로가 그 신하들에게 이르되 이와 같이 하나님의 신이 감동한 사람을 우리가 어찌 얻을 수 있으리요 하고 요셉에게 이르되 하나님이 이 모든 것을 네게 보이셨으니 너와 같이 명철하고 지혜 있는 자가 없도다”(창 41:38—39).

"하나님이 이 네 소년에게 지식을 얻게 하시며 모든 학문과 재주
에 명철하게 하신 외에 다니엘은 또 모든 이상과 몽조를 깨달아
알더라"(단 1:17).

위의 말씀에서 요셉과 다니엘의 탁월성은 그들이 하나님의 신
즉 성령에 감동되었기 때문이라 했습니다. 오늘날에도 마찬가지입
니다. 성령의 감동으로 명철과 지혜가 갖추어진 사람, 그런 일꾼들
이 진정한 탁월성의 소지자들입니다. 그러므로 우리가 일꾼을 기
름에는 다른 어떤 면보다 영적 자질, 영적 탁월성에 강조점을 두어
야겠습니다. 그 위에 다른 탁월성이 더하여져야겠습니다. 만일 그
렇지 않고 지적 탁월성에나 인간적 탁월성에 치중한다면 그의 탁
월성이 오히려 나라의 장래를 그르치게 되는 수도 있겠습니다. 우
리는 그간의 경우를 넉넉히 보아왔기 때문입니다.

2. '파괴성'있는 일꾼

내일의 일꾼이 갖추어야 할 자질의 두번째는 파괴력있는 일꾼입
니다. 파괴력이란 무엇을 뜻하겠습니까? 바로 그릇된 현실을 무너
뜨리겠다는 확고한 행동력을 뜻합니다. 기존체제의 모순과 비리를
허물겠다는 투지를 뜻합니다. 그리고 악한 세력들과는 짝하거나 타
협치 않겠다는 용기를 뜻하며 구악을 뿌리뽑겠다는 사명의식을 뜻
합니다. 이런 자질들을 하나로 묶어 파괴성이라 불러본 것입니다.
이에 대하여 성경은 말합니다.

"여호와께서 그 손을 내밀어 내 입에 대시며 내게 이르시되 보라
내가 내 말을 네 입에 두었노라 보라 내가 오늘날 너를 열방 만국
위에 세우고 너로 뽑으며 파괴하며 파멸하며 넘어뜨리며 건설하

며 심게 하였느니라"(렘 1:9-10).

여호와께서 젊은 일꾼 예레미야에게 이르신 말씀입니다. 때는
이스라엘 민족의 운명이 홍망의 갈림길에 있었던 때였습니다. 그
러한 때에 여호와께서 예레미야의 입에 말씀을 두시고 그 말씀으
로 뽑으며 파괴하며 넘어뜨리게 하시겠다고 이르셨습니다. 구질서
의 부패와 기존체제의 병을 파괴하겠다는 정열이 없이는 새 시대
의 일꾼이 될 수 없습니다. 그것 없이는 새로운 시대를 창출할 수
없습니다.

3. '창조성'있는 일꾼

앞에서 21세기를 이끌어나갈 일꾼의 자질로서 파괴성을 말했습
니다. 그러나 파괴성만으로는 부족합니다. 잘못된 것을 무너뜨리
는 것만으로는 안됩니다. 그런 일꾼은 소위 세속적인 운동권의 수
준입니다. 그 무너진 자리에 새 것을 세우는 건설이 있어야 합니
다. 세속 운동권이 나쁘다는 것은 아닙니다. 세속 운동권 중에서
내일의 대안(代案) 없이 길거리를 마냥 뛰어다니는 일꾼들은 안
된다는 것입니다. 무작정 기존체제를 무너뜨리는 데에만 열중하는
일꾼은 더 큰 혼란을 불러일으키는 길잡이가 되기 십상입니다. 그
래서 최악의 독재도 무정부보다는 낫다는 말이 있는 것입니다.

앞서 인용한 예레미야에게 주신 말씀에도 "무너뜨리며 …… 건설
하며 심게 하였다"고 했습니다. 그리고 우리는 황폐한 역사를 다시
일으켜 세우는 일꾼을 기름에 있어 구약의 느헤미야의 경우를 본
받아야 합니다. 일찍이 이스라엘 민족사가 중단된 처지에 이르렀
을 때 하나님의 사람 느헤미야가 하나님의 말씀으로 준비한 후 백
성들 앞에서 부르짖었습니다.

"……우리의 당한 곤경은 너희도 목도하는 바라 예루살렘이 황
무하고 성문이 소화되었으니 자, 예루살렘 성을 중건하여 다시
수치를 받지 말자 하고 또 저희에게 하나님의 선한 손이 나를 도
우신 일과……고하였더니 저희의 말이 일어나 건축하자 하고
모두 힘을 내어 이 선한 일을 하려 하매"(느 2:17-18)

하나님의 사람 느헤미야는 이스라엘이 무너진 성, 무너진 역사
를 다시 일으켜 민족의 수치를 씻자고 백성들에게 호소하였습니
다. 느헤미야의 말에 가슴이 뜨거워진 백성들이 "일어나 건축하
자"하고 일어섰습니다. 이 역사는 21세기 한반도에서 다시 재현되
어야 할 역사입니다. 이런 역사창조에 헌신할 창조성 있는 일꾼들
이 길러져야 합니다.

4. '헌신성'있는 일꾼

아무리 탁월성과 파괴력과 창조성을 갖춘 일꾼일지라도 자기 자
신의 성공과 이권에 매여있는 일꾼이라면 무슨 쓸모가 있겠습니
까? 하늘의 뜻을 땅에 이루겠다는 큰 뜻에 일생을 거는 사람이라야
바람직한 일꾼이라 하겠습니다. 민족중흥에의 큰 뜻을 몸으로 일으
키는 일에 철저하게 바쳐진 사람이라야 하겠습니다. 하나님은 이때
에 그런 일꾼을 찾으시고 계십니다. 그런 일꾼을 찾으셔서 능력을
베푸시겠다고 말씀하십니다.

"여호와의 눈은 온 땅을 두루 감찰하사 전심으로 자기에게 향하
는 자를 위하여 능력을 베푸시나니……"(대하 16:9).

하나님은 부여받은 사명에 전심전력하는 일꾼을 찾으시고 계십

니다. 그래서 그에게 하나님의 뜻을 성취해낼 수 있는 능력을 맡기시겠다고 하셨습니다. 디모데전서에서는 이르기를 "충성된 사람을 뽑아 그에게 일을 부탁하라, 그들로 고난받는 군사가 되게 하라"했습니다.

"또 네가 많은 증인 앞에서 내게 들은 바를 충성된 사람들에게 부탁하라 저희가 또 다른 사람을 가르칠 수 있으리라 네가 그리스도 예수의 좋은 군사로 나와 함께 고난을 받을지니 군사로 다니는 자는 자기 생활에 얽매이는 자가 하나도 없나니 이는 군사로 모집한 자를 기쁘게 하려 함이라"(딤후 2:2-4).

일꾼으로 뽑으신 하나님을 기쁘시게 하기 위해 자기를 돌아보지 아니하고 충성으로 일생을 살아갈 수 있는 일꾼, 그런 일꾼을 뽑아 그렇게 길러야겠습니다.

5. '지속성'있는 일꾼

젊은 시절 한 때를 헌신하는 것은 누구나 가능합니다. 그러나 한 가지 목표에 일생을 걸어 그 일을 끝내 이루어나가기는 쉽지 않습니다. 그간에 우리는 일시 동안의 애국투사들을 많이 보아왔습니다. 학생시절의 몇 년간을 혁명적인 구호를 외치다가 어느날엔가 사라져간 일꾼들을 우리는 흔하게 보아왔습니다. 그런 일꾼들은 본인 자신에게나 겨레 전체에게나 별반 유익을 주지 못합니다. 우리가 길러내야 할 일꾼들은 큰 뜻에 일생 전체를 걸 수 있는 일꾼이어야 합니다. 그일이 성공적이어서만이 아니라 하늘의 뜻에 합하고, 겨레의 번영에 합하고, 이웃을 섬기는데 이롭기에 그 일에 일생을 걸 수 있는 일꾼이어야 합니다. 계시록 3장에 이르기를 인내로써 끝내 이기는 일꾼이 하나님 나라에 기둥이 된다 했습니다.

"네가 나의 인내의 말씀을 지켰은즉 내가 또한 너를 지키어 ……
네가 가진 것을 굳게 잡아 아무나 네 면류관을 빼앗지 못하게 하
라 이기는 자는 내 하나님 성전에 기둥이 되게 하리니"(계 3:10
―12).

인내로써 자기 일을 지켜 하나님 성전에, 하나님 나라에 기둥감
이 되기를 기약하는 그런 지속성과 일관성이 있는 일꾼이 길러져
야 합니다. 그런 자질이 있는 젊은이들을 뽑아 그렇게 길러냅시다.

복음학숙(福音學塾)을 세웁시다

「월간 조선」 '92년 1월호에서 별책부록으로 「일본의 실력」이란 자
료집을 출간하였습니다. 오늘의 일본의 국력을 이루고 있는 정신
력과 경제력의 실상을 심층보도하고 있는 자료집입니다. 그 자료
집의 끝 부분에 오늘의 일본이 이루어지기까지에 기초를 닦은 20
명의 선각자를 소개하고 있습니다. 그들 20명 중에는 명치유신을
일으켰던 분들이 있고 안중근 의사의 총에 쓰러진 이등박문도 있
습니다. 그리고 한 사람의 성서학자가 있습니다. 일본은 기독교가
극히 미약한 나라입니다. 그런 일본에서 성서학자가 일본을 일으
킨 20명의 선각자 중에 뽑혔다는 것은 그 인물의 크기를 알 수 있
게 해줍니다. 바로 우찌무라 간죠 선생입니다. 그가 그런 자리에
뽑히게 된 것은 생전에 그가 길러내었던 인재들 때문이라 했습니
다. 그는 심혈을 기울여 사람을 길렀습니다. 성경으로 인재를 육성
하는 일에 그는 일생을 바쳤습니다. 그는 자기 집에 성경연구회를
만들고 젊은이들을 모아 성경으로 그들을 길렀습니다. 그의 성경

연구회에서 동경대학 총장이 셋이나 배출되고 오오히라 같은 수상
도 배출되었습니다. 일본 사회당의 창립 멤버와 일본사회 각계의
지도자들이 그가 지도하였던 성경연구회에서 배출되었습니다. 그
일로 우찌무라 간죠 선생은 오늘날 일본의 터를 닦은 20명의 인물
중에 한 분으로 뽑히게 된 것입니다. 그리고 일본의 재벌기업 마쯔
시다 그룹에서는 마쯔시다정경숙(松下政經塾)을 세워 21세기 일본
을 이끌어나갈 일꾼들을 기르고 있다 합니다. 일본 전국에서 대학
을 졸업하는 졸업생 중에서 준재들을 뽑아 그들로 5년간의 기간에
21세기 일본을 이끌어나갈 지도력을 기르고 있다 합니다.

　한국사회 전체가 그러하듯이 한국교회는 치명적인 약점이 한 가
지 있습니다. 바로 사람을 기르는 일에 게으른 점입니다. 집 짓는
일에 너무 분주하다 보니 사람을 길러낼 생각이 나지를 않는 것입
니다. 교세 늘리는 일에 몰두하다 보니 민족의 내일을 준비할 상상
력이 떠오르지를 않는 것입니다. 이제는 이런 흐름, 이런 풍조에
거슬러야 할 때가 되었습니다. 이제는 사람에게 투자할 때가 되었
습니다. 이제는 사람을 길러 그 사람들이 21세기 ‘통일한국’을 이
끌어나가게 하여야 할 때입니다. 성서의 사람, 영감의 사람, 비전
의 사람을 길러 ‘통일한국’을 이끌게 하고 그들이 ‘성서한국’을 이
룩하여 그 한국이 ‘선교한국’에의 사명을 감당하여나가게 하여야
합니다. 탁월성을 지닌 젊은이들을 뽑아 파괴력을 기르고 창조성
을 길러야 합니다. 그래서 그들로 역사창조와 민족경영에 헌신케
하여야 합니다.
　우선 그런 일을 담당하여나갈 학교를 ‘복음학숙’이라 불러봅시
다. 복음의 능력으로 이 땅의 역사를 변혁시켜 나갈 일꾼을 길러내
는 학교입니다. 한국을 성서 위에 세워나가는 일에 기둥이 될 일꾼

들을 기르는 학교입니다. 그런 학교를 세워 한반도의 21세기의 역
사가 그리스도 안에서 새로워지게 하는 것입니다. 그런 학교의 출
신들이 21세기 한국에서 각계 각층의 지도자가 되게 하여야 합니
다. 21세기에는 정치도 경제도 교육도 모두가 성서의 진리 위에 세
워지는 시대가 되게 합시다. 그 일을 담당하여 나갈 지도자를 기르
는 학교를 복음학숙이란 이름으로 세웁시다. 그래서 복음학숙에서
길러진 일꾼들로 21세기에 '통일한국' '성서한국' '선교한국'을
이루게 합시다. 이 일에 하나님이 함께 하실 것입니다. 하나님은
스스로 돕는 자를 도우십니다.

청년·조국·예수

　몇해 전 한 청년이 자기 몸에 신나를 뿌리고 불을 붙여 죽었습니다. 그는 불길에 휩싸여 '민중해방' '미군철수' '조국통일'을 외치며 죽어갔습니다. 그의 죽음을 보고 어느 시민은 '끔찍하다'고 했습니다. 다른 한 시민은 '개죽음이다'했습니다. 한 청년은 '열사의 죽음이다'했습니다. 그리고 한 대학생은 '애국자다'했습니다. 이들 넷을 합하면 '애국 열사의 끔찍한 개죽음'이 됩니다. 저는 그 젊은이의 죽음에 대해 생각했습니다. 좀 더 값지고, 좀 더 품위있는 죽음을 택할 수는 없었을까? 조국을 위해 민중을 위해 자기 몸에 불을 지르는 정도의 정열과 헌신을 좀 더 생산적이고 미래지향적인 데 바칠 수는 없었을까를 생각했습니다.

　그 청년의 죽음 후에도 여러 젊은이들이 이런 저런 모습으로 죽었습니다. 모두가 오늘의 한반도가 부딪치고 있는 모순과 아픔에 저항하는 몸짓으로 스스로 죽어갔습니다. 청년들의 그러한 죽음은 조국의 앞날에 대한 비전을 보지 못했기 때문이라 생각되어집니다. 잠언 29장 18절에 "비전(희망)이 없으면 백성들이 망할 짓을 골라 하게 된다"고 했습니다. 민족을 통일하고 민중을 해방하려면 30년, 50

년 끈질기게 이루어나가야 될 터인데 20대에 외마디 소리를 부르짖고 죽어버린데서야 무엇이 이루어지겠습니까? 자기 자신이 어떻게 살아야 바로 사는 것인지, 민중을 어떻게 섬겨야 해방시키는 것인지, 그리고 조국을 어떻게 사랑해야 참 애국의 길인지를 모르기에 그렇게 애석한 죽음으로 끝내는 것입니다.

우리의 조국은 병들어있습니다. 남쪽은 자본주의의 병균이 백성들의 혼을 먹어들어가고 있습니다. 북쪽은 공산전제주의의 독이 퍼져있습니다. 이 병과 독을 어떻게 제하여 건전한 민족, 건강한 백성들을 이루겠습니까? 이 큰 일이 오늘을 살아가는 이 땅 위의 젊은이들에게 주어진 지상과제입니다. 젊은이들이 이 일을 어떻게 감당하여 나가겠습니까? 무슨 원리, 어떤 방법으로 병든 조국을 구하고 백성들이 나아갈 활로를 열겠습니까?

저는 확신을 가지고 말합니다. 그 길은 예수 안에 있습니다. 예수께서 "나는 길이요 진리요 생명이다"고 말씀했습니다. 예수님의 이 말씀은 그를 믿고 따르는 개개인이 구원받은 길인 동시에 민족이 살 길이요, 백성들이 따를 진리요, 육천만 동포가 살아나갈 생명의 원리임을 말해줍니다. 길은 분명히 예수께 있는데, 젊은이들은 길 아닌 곳에서 애쓰다가 길은 찾지 못하고 애석한 죽음으로 끝을 내고 있습니다.

이천년 전, 온 세계가 나아갈 길을 찾은 젊은이들이 빈손으로 세계에 도전하였던 이야기가 있습니다. 그들은 확신을 가지고 세계변혁에 자신들을 던졌습니다. 그들을 없애려고 따라 다녔던 무리들이 그들에 대하여 말했습니다. "이들은 세계를 거꾸로 뒤집으려는 무리들이다. 체제전복을 꿈꾸는 사람들이다. 이들은 로마황제를 거부하고 다른 왕, 예수란 왕을 내세우고 있다"(행 17:5)고 고소했습니다. 바로 예수의 제자들입니다. 그들은 무식하였습니다. 그

러나 예수가 진리란 확신에 서있었습니다. 그들은 자기 자신의 몸
에 불을 지르지 않았습니다. 세계에 불을 질렀습니다. 그들이 따랐
던 예수께서 "내가 세상에 불을 던지러 왔다"(눅 12:49)고 했기에
그들은 목숨을 걸고 불 지르러 다녔습니다. 그래서 그들은 방화범
(防火犯)이란 별명을 들었었습니다.

　오늘의 한반도를 살리는 길은 다시 그 방화범을 일으키는 일입
니다. 예수의 가르침에 생명을 거는 젊은이들을 다시 일으키는 일
입니다. 예수의 젊은이들이 이 땅 위의 마을마다, 도시마다, 공장
마다, 가정마다 불을 지르게 하는 일입니다. 그 불은 거짓을 태우
고 진리를 돋아나게 하는 불입니다. 자본주의, 공산주의의 거짓 메
시야를 제거하고 새로운 대안(代案;The Alternative), 예수 공동체
를 일으키는 불입니다.

　예수의 깃발 아래 젊은이들이 모여 조국의 활로를 열고 새 시대
를 이룩하는 길, 그보다 더 값진 일이 어디에 있겠습니까? 다른
왕 예수의 이름으로 병든 체제와 거짓 이데올로기를 전면 거부하
고 새로운 공동체, 예수 공동체를 이루어내는 길, 그것이 이 조국
을 구할 유일한 대안입니다. 하늘은 스스로 돕는 자를 돕는다고 했
습니다. 한반도의 젊은이들이 스스로 헌신하고 뭉쳐 내일을 향해
나갈 때 민족의 활로는 열려질 것입니다. 예수 안에서 새 역사, 새
조국을 열어나갈 청년들을 일으킵시다. 그것이 청년들이 살 길이
요, 조국이 살 길입니다.

　청년 만세!
　조국 만세!
　예수 만만세!

**도서출판 두레시대는
사업이 아닙니다. 운동입니다.**

복음운동입니다.
칠천만 동족
한 사람 한 사람에게
예수님을 전하려는
복음운동입니다.

공동체운동입니다.
예수님을 주인으로
모시는 공동체가
새 시대를 열어가는
시대의 대안임을 믿는
공동체운동입니다.

교회갱신운동입니다.
바람직한 공동체의 건설이
교회를 교회답게 하는
운동임을 믿는
교회갱신운동입니다.

사회개혁운동입니다.
교회다운 교회는
시대의 병을 고치는 힘이며
민족의 나갈 길을 밝혀주는
소식임을 믿는
사회개혁운동입니다.

깃발입니다.
광야에 세워지는
깃발입니다.
그리스도의 가르침이
이 시대를 구원할 진정한 대안임을
알리는 깃발입니다.

ⓒ도서출판 두레시대